U0011537

不願面對的金融真相

An Economic Hit Man Reveals Why the World Financial Markets Imploded – and What We Need to Do to Remake Them

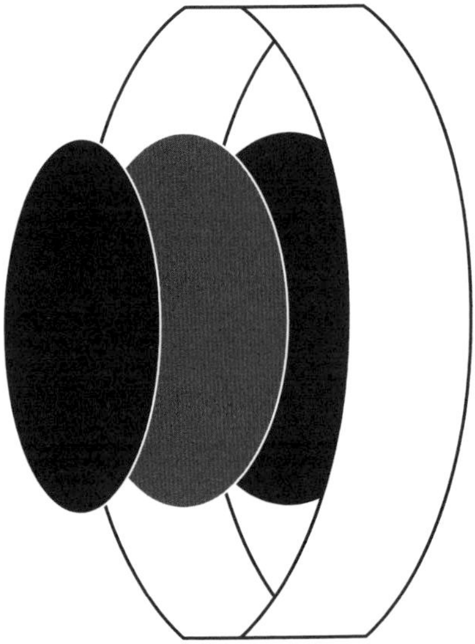

John Perkins
約翰・柏金斯 著
黃中憲 譯

經濟殺手的告白 3

Hoodwinked 3

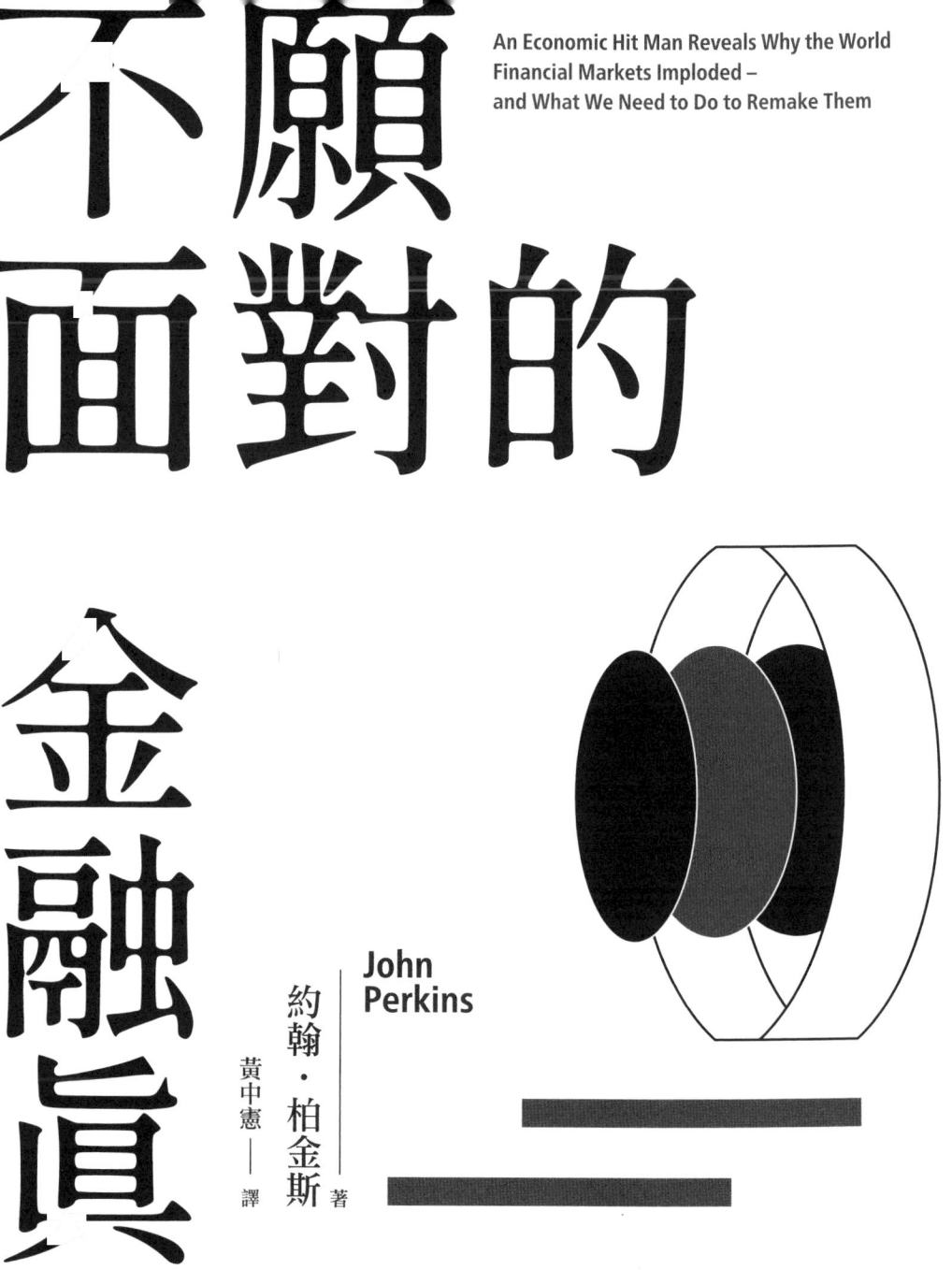

謹獻給我的孫子格蘭特・伊森・米勒

和他在地球上的所有兄弟姊妹；

你們是鼓舞我們建造永續、公平、和平世界的泉源。

作者說明

書中提到的人與事，都是真人實事。某些情形下，我更改了人名和細節，以保護當事人的隱私，或將不同的事與對話搭在一塊，以利敘事的流暢。

前言

我曾服務於一支由現代「職業殺手」組成的精銳部隊，扮演經濟殺手的角色；那些現代「職業殺手」的任務，乃是促進大企業和美國政府某些部門的利益。當時我有個響亮的頭銜——首席經濟學家，還有一群幹練的經濟學家、管理顧問與金融分析師當我的幕僚，負責提出表面上合情合理的漂亮報告，但我真正的職責是欺騙和掠奪第三世界。

經濟殺手的手段不少，但我們最常見的任務，乃是找出有我們企業覬覦之資源的國家，然後透過誘惑、賄賂與強逼，使那些國家的領袖剝削其人民——接下國家永遠還不了的貸款，將國家資產民營化，將破壞脆弱環境合法化，最後將我們企業覬覦的資源低價賣給這些企業。那些國家的領袖若不從，美國中情局就派出豺狼將其推翻或暗殺。

我們在第三世界幹得很成功，老闆因而要我們在美國和地球上其他地方如法炮製，結果打造出非永續性的資本主義，這種資本主義乃是造成現今經濟危機的元凶。眼前的危機雖然暫時復甦，卻是一場全球海嘯的前奏。

草草寫下這些字句時，我從佛羅里達搭乘的冰島航空七五七客機經過一夜累人的飛行，在二〇〇九年三月五日大清早降落雷克雅維克。往漆黑的外頭一望，我猛然覺得自己回到十九世紀初期，搭乘公共馬車來到當年「西大荒」的新興城鎮，比如亞歷桑納州的墓碑鎮（Tombstone）或南達科塔州的枯木鎮（Deadwood）。而眼前這座新興城鎮的崩潰，只是這場海嘯威力正在增強的另一個徵兆。

冰島在不久前還被視為貧窮、低度開發、與歐洲關係疏遠的國家，接下來經濟卻爆炸式成長，在世界銀行的二〇〇七年排行榜上，名列全球（人均）第三富裕國家。雷克雅維克像過去乘著淘金潮興起的新興城鎮一般，一下子繁榮起來，居民一夜致富。名人、賭徒、騙子、經濟殺手成群湧入；摩根士丹利、高盛與華爾街其他大部分大公司，派了他們西裝筆挺的大軍前來。操著我那老勾當的男男女女重施剝削的故技，說服冰島人民和政府大量借貸。過去，經濟殺手就用過類似的手法，剝削印尼、奈及利亞、哥倫比亞等因擁有石油或其他珍貴天然資源而突然一切向錢看的所有國家。冰島人開始大買特買，買下邁阿密的豪宅、比佛利山莊的公寓、英國百貨公司、丹麥航空公司、賓特利與勞斯萊斯、挪威電廠，乃至英格蘭一支足球隊。二〇〇七年，冰島人擁有的外國資產約略是二〇〇二年時的五十倍，冰島股市從二〇〇三至二〇〇七年飆漲到原本的九倍（美國股市只漲到兩倍）。雷克雅維克的不動產價格翻了三倍，每戶的平均財富在短短三年內成長為三倍。[1]

冰島賴以驟然繁榮的原物料——等於是它的黃金——乃是水力發電和地熱。冰川、河流、火山、地下溫泉，似乎提供了無可限量的能源。這一能源無法裝箱、裝桶運走，必須就地取用。消耗能源最大者，即製鋁公司，於一九六〇年代末期來到冰島。接下來四十年期間，隨著全球對鋁的需求上升，這些公司說服冰島政府建造電廠，專門為外國人擁有的冶煉廠供電。美國鋁業公司（Alcoa，以下簡稱美鋁）提出一個將讓冰島揚眉吐氣的交易——在偏遠的北部建造一個龐大的「水變鋁」綜合園區。冰島所需配合的，就只是貸一大筆款項（以賣電的收益為擔保品），並雇請外國企業建造一座發電量超過六百兆瓦的水壩和發電廠，專為這座冶煉廠供電（相對的，全冰島人的用電量是三百兆瓦）。

事情當然沒這麼簡單。科學家發現，水壩座落在地震斷層線上，將淹沒的地區約五十五平方公里（冰島面積約十萬平方公里），涵蓋了幾個罕有的生態系。冰島政府聲稱不受環境保護法的規範，發布「特別條款」替該工程放行，人民對此也睜隻眼閉隻眼。

二〇〇七年六月，美鋁啟用由美國貝泰（Bechtel）工程公司建造的鋁廠。新鋁廠預定年產三十四萬六千公噸的鋁，產量是冰島第一座鋁廠產量的十倍。

冰島人民歡天喜地，直到得知美鋁的製鋁廠每運作一小時，冰島電力公司就流失數萬美元，才恍然大悟。

＊＊＊

二〇〇八年十月六日，發生了前所未聞的事。已成長到全國經濟數倍大的冰島銀行垮臺，損失達一千億美元，而且還繼續在惡化。國債暴增為國內生產總值的八．五倍。冰島破產。[2]

飛機在跑道上滑行時，我在想雷克雅維克會不會像是黃金淘光後的墓碑鎮和枯木鎮，不到一小時後會不會走在廢棄城鎮的街上，除了小偷、街頭乞丐、退出江湖的槍手、乃至一兩個經濟殺手出身的醉鬼，街上冷冷清清。

我很清楚，冰島是個不祥之兆。我跑這一趟有諸多動機，其中之一乃是想了解已開發國家第一個「中彈倒下」的詳情。如果我們其他人沒有從冰島的悲劇得到教訓，我們很可能會走上類似的命運。

冰島和美國及世上的許多地方，都受害於某種資本主義，那是我的商學院教授在一九六〇年代末期就已預見且抨擊的不正常資本主義。從華爾街到上海的商界和政界領袖，都被這種資本主義的提倡者灌輸了一套價值觀，而這套價值觀正帶領我們走上猝然瓦解之途。目前冰島經歷的，類似一九七〇年代起第三世界國家所經歷的瓦解（也是我成為經濟殺手的時候）。這種資本主義的最高原則，乃是堅信各種資源應該要民營化，堅信應賦予企業高階主管不受約束的權力，堅信應鼓勵拚命借貸，對國家和個人來說，這都導致了當代的奴役模式。由於這套價值觀認定，經營最強大企業的執行長構成一個特殊的特權集團，而這個集團的成員與一般人不同，不必受到規範的約束，地緣政治因而全盤改變。如今我們進入的時期，無異於當初城邦國家遭民族國家取代的那個時期，差異只在於今日民族國家已遭巨無霸企業篡奪了權力。

一如我的商學院教授所理解的，問題癥結不在資本主義，而在濫用資本主義，以及許多人遭此突變病毒感染。飛機猛然煞住，我在想我們是否有機會在此病毒大為流行之前予以控制。

我下機，通關，然後遇到一位自稱是我司機而身材像摔跤手的年輕男子。他帶我走出航站大廈。幽暗的破曉時分，下著像是隨時會變成雪花的冰冷毛毛雨。坐進他的運動休旅車時，我覺得自己像是要爬上駛往枯木鎮的公共馬車。

「我後悔買了這麼大的車子，」他語帶內疚說道，好似把我那一刻的困惑解讀為譴責。「但那是將近一年前的事，誰料得到？」

離開機場後不久，他隔著陰暗的薄霧，指著一處建築林立的區域，說那裡曾是美軍基地，駐有一千兩百多名軍事人員，二〇〇六年美軍才撤走。

我問現在這是不是個廢棄的城鎮。

「幾乎是，」他答：「有一所大學接管了這個地方。學生取代了軍人。」他用舌頭發了聲母雞似的叫聲。「你們政府在離開前投了一筆錢在那些設施上。」

「幹嘛用？」

他盯著我瞧，露出那種碰到學生應懂卻不懂時教授的表情。「我聽說那些承包商的行徑像土匪。」

雨水拍打擋風玻璃，我隔著擋風玻璃望向荒涼的景致。粗糙的石頭散布在多岩的地面，彷彿有個發火的神揮舞拳頭，把它們四處亂丟。

「火山熔岩流，」司機說，然後指著沒入雲端的雪原說道：「造成這種景觀的那座山就在那裡。」

我提到自己曾在書上讀到，美國航太總署將阿波羅太空船的太空人送到月球前，曾送他們到這裡訓練。

「沒錯，是有這回事，」他同意。「但最後巨怪把他們趕跑。」

「巨怪？」

「北歐神話中的怪物，兼具精靈與巨人的特質。難纏的小東西。」他停了一下，然後對我咧著嘴傻笑。「美鋁請了一名驅魔師，確保不會有巨怪被趕離家園，然後才動工興建他們的新冶煉廠。傳說那個驅魔師是冒充的，冰島的經濟難題是巨怪報復所致。」

他朝著側窗點頭。「看到那些東西沒？」

我隔著玻璃看到幾座用火成岩堆成的高大錐形石堆。「那些滑稽的雕像？」

「沒錯。陽光把巨怪變成石頭。有時候太陽露臉，把他們困在空曠地。」他輕聲笑。「也不是常發生，我們這裡沒那麼多陽光。」

「巨怪經濟學，」我不假思索地說。

他投來不解的表情。

「只是想到。」我聳聳肩。「三句不離本行，我是經濟學家。」

「喔。」

我看不出他表情的意思，但我想他在思索從他的國家還可以得出什麼經濟學家的想法。「巨怪經濟學」這幾個字深印在我腦海。我們驅車前往雷克雅維克途中，耳際不斷響起這幾個字。如果巨怪涉及這場典型的「打擊」，那他們應該是化成人形，混進美鋁、冰島政府和銀行裡任職。我腦海裡猛然浮現一個禿頭、有著頑皮笑容、戴蜻蜓眼鏡的男子影像。那是我不久前看到，巨怪似的人物米爾頓・傅利曼（Milton Friedman）的照片。傅利曼屬於芝加哥經濟學派，得過諾貝爾獎。說服冰島和其他大部分國家避開當年讓美國擺脫大蕭條衝擊之政策者，他比任何人都重要；他施用法術，推銷那種把冰島搞垮的掠奪式資本主義。

「在那裡！」司機興奮地說，指著隱約出現於雨中的建築。「我們所有問題的根源，我們的第一座製鋁廠，現在屬力拓阿爾坎鋁業（Rio Tinto Alcan）所有。」

我瞇起眼睛，看著雨刷來回擺動的擋風玻璃外，兩棟身形龐然的圓柱形高塔，從濃霧中隱約出現。它們矗立在往海中延伸的碼頭上，讓我想起某部有關中世紀戰爭的老電影裡的城堡塔樓。在它們旁邊，有棟較矮而似乎一直延伸到陸地盡頭的建築。

「那一棟，」我司機說，指著那棟可放進世上最長貨運列車的建築，「有一英里長。共有三棟，另外兩棟隱身在你看到的那一棟後面。」

駛近然後又駛過製鋁廠時，我們兩人都沒開口。沒看到人，到處靜悄悄。若非司機告訴我，我大概會認為這是廢棄的地方。「日以繼夜在運轉，」他平淡地說道。

一如我去過的其他工業場所──煤礦場、紙漿和造紙廠、煉油廠、核電站──我覺得這地方大得嚇人，渾然不像人間。但我知道這座工廠的產量雖然自建成後有增無減，比起美鋁那座新冶煉廠，仍只是小巫見大巫。我轉頭，看它消失在車後的雨中。

「你說的廢棄城鎮到了，」司機說，打斷正專注凝望的我。車外右手邊有一排排小巧雅致的郊區風格房子。「全空著，」他難過地搖了搖頭，又發出那母雞似的怪聲。「有人說，如果正想在冰島買房子，現在很划算。」

車子繼續行駛，我仔細打量它們。它們和我預想的不符：沒有灰塵漫天的街頭，沒有風滾草，沒有已歇業的舞廳，沒有被風吹得呼呼響的門。

離開機場約四十五分鐘後，我們抵達雷克雅維克。「我帶你去繞繞，」司機說：「夢想破滅的大街。」他轉進一條街，街邊宏偉的現代辦公大樓一棟接一棟。「大部分是銀行或某類金融機構，」他說：「現在，人去樓空。」

最初我以為他在開玩笑。這些叫人目瞪口呆的當代建築，怎麼可能都空著？他放慢車速。我把臉貼著玻璃，往上仔細瞧，見到許多窗子的角落仍貼著小貼紙。太詭異了。他把車開得更慢，我看清楚裡面真的是空蕩蕩。沒有桌椅，甚至窗簾都沒有。偌大的內部，只有空洞冷清。

「又一個廢棄的城鎮，」他說。

「無法置信。」

「你要感謝自己只是個過客，」他看了我一眼。「我是住在這裡。」

「恐怕我們都是這樣活著。」

＊＊＊

這本書就在談「這裡」——我們現今的處境，我們是如何陷入這個絕望之境，接下來何去何從。

華爾街或許還不像雷克雅維克那條「夢想破滅的大街」，華爾街也完全不像廢棄的墓碑鎮上風滾草叢生的街道。但在過去兩年裡，我們已在美國見到了跡象。叫人震撼、怵目驚心的畫面一再呈現於我們眼前：失業率飆高、道瓊工業指數暴跌的圖表；加州沙加緬度郊外和奧勒岡州波特蘭郊外，無家可歸的男女棲身於林立的帳篷裡；汽車公司總裁搭私人飛機到華盛頓特區，懇求國會給予巨額金援；可恥的美國國際集團（AIG）宣布，將付四億五千萬美元的紅利給把它搞垮的高階主管；前那斯達克主席伯納德．馬多夫（Bernard Madoff），在法庭上承認自己的確從投資人身上騙取了數十億美元……

這些影像一再出現，讓人心情跌到谷底。或許有許多人對這些事情感到驚訝，但事實上我們早就該預見到。我一九六〇年代末期的教授就預見到了，當時的許多學生也一樣。

「警訊多得很，」史丹佛大學的大一新鮮人馬莎告訴我：「超過一兆的美國預算赤字。借款泡沫——貸給無力還款者的龐大貸款。花費驚人的戰爭、工作外包、廢除銀行法……我們怎麼會沒察覺？」

但我們仍欺騙自己。偶爾，傳來股市看似復甦或油價看似下跌的「好消息」，我們就以為最壞的狀況已經過去。我們是巴甫洛夫的狗；鈴一搖，我們就流口水。這是個危險錯覺，使我們無心去解決更深層的問題。

「真相乃是，我們過著自欺欺人的生活……我們打造了漂亮外表，藏住表象底下的致命腫瘤。」（見二〇〇四年十一月出版的拙著《經濟殺手的告白》）A

令人遺憾的是，有太多人不願看表象以下的東西。政界和商界領袖鼓勵我們「保持既有方向」。我們太常援引毫無意義的陳詞濫調。我們把這個腫瘤，也就是掠奪性的突變種資本主義病毒，視為正常。我們告訴自己可以繼續不成人口比例地消耗地球資源，用刷卡方式來消費，而不支付高昂利息——或後果。

我曾在《經濟殺手的告白》中問道：「你要如何鼓起勇氣打破陳規，質疑你和鄰人始終視為顛撲不破的觀念，即使在你懷疑既有體制就要自我毀滅時亦然？」

我們未能鼓起這樣的勇氣。我們讓政府在伊拉克境內追逐莫須有的恐怖分子；讓政府在機場把手伸進我們的皮包和公事包，尋找爆裂性的牙膏管；讓政府不顧人身保護權逕行拘禁人，褻瀆我們最神聖的文獻；還讓政府說服我們，認為批評總統即是叛國。政府把那些國內生產總值只及美國國際集團虧損額幾分之一的國家視為「邪惡軸心」的一員，而我們也接受這樣的看法，同時，我們把保護自己免遭貪婪金融業者掠奪的法律棄如敝屣。我們支持在哥倫比亞叢林搜捕恐怖分子，卻疏於查核足以摧毀我們經濟的企業

A 譯註：本書於二〇二一年四月發行二版《經濟殺手的告白（全新暢銷增訂版）》。

的分類帳。

歐巴馬當選總統具有象徵意義。一夜之間從保守派共和黨跳到自由派民主黨，表示美國選民的意向有了重大改變，表示人心求變。歐巴馬政府的計畫——控制信用卡業、更嚴格規範汽車廢氣排放和油耗、成立金融管制委員會、實施其他新措施——或許可把我們推回正軌，如果它們得到國會通過的話。不過，令人遺憾且未言明的事實是，這條路不會帶我們走上真正的改變；那不是擺脫泥淖之途。那只會帶我們繞較遠的路，而終點仍是災難。我們得另闢蹊徑。

我女兒潔西卡和女婿丹，二〇〇七年九月二十五日為我生了個孫子。兩個月後的感恩節那天，我再度誓願——幾年前已發過的誓願——要把餘生用於協助打造一個永續、公平、和平的世界。孫子格蘭特的出世，讓我覺得此事刻不容緩。

我知道格蘭特所不知道的，即他的生命受到危機威脅，而我眼睜睜看著它們產生。問題不在如何預防，也不在回歸常態——回到一小撮人剝削大部分人的世界。當前我們受到的挑戰是要我們改造自己，改造我們的經濟。

許多事把我們推進到我們認知為「常態」的危險境地，而其中有許多是我在當經濟殺手時親身參與的。身為作家和演講者，我過去五年巡迴美國和其他國家，向政界與商界領袖、學生、老師、勞工與各式各樣的人，表達了我的看法。

我愈來愈感覺充滿希望，覺得我們已做好準備拯救自己、拯救格蘭特的世界。

本書第一部綜覽我們問題的根源。了解這些根源，我們便可以評斷未來該走的路。第二部則探討這些可走的路；勾勒個人或社會能採取的行動方針，以實現一個我孫子和他地球上所有兄弟姊妹願意承繼的體制。

關於歐巴馬總統的經濟計畫、改革華爾街的當前方案，以及其他的短期政策，已有許多書籍問世，陳述對它們的正反意見。這些書是治標，即針對如何止血，提出緊急對治方案。

本書則是為了治本，要找出感染我們的病毒，提出長期療方。

目次

第二部……解方

第一部

問題

第一章 事非偶然

數據

過去在當經濟殺手時，我分析了許多第三世界國家的統計資料，從未看到像美國過去兩年裡那種急轉直下的現象。我們都已零零星星看到各項事實，但在此我還是要將一些較重要的事扼要說明如下，加上我個人的觀察心得：情勢其實比我們被告知的還要糟。（如果你已經聽膩這些事實的陳述，不妨跳到本章第二節「挑戰」。）

當前的危機始於美國經濟。初期跡象之一，出現在價格於二〇〇五年達到歷史新高、然後在二〇〇六年開始崩跌的房市。接下來其他經濟領域的衰退，進一步惡化房市危機。由於貝爾斯登（Bear Stearns）、美林、雷曼兄弟、美國國際集團，以及整個金融圈押在次級房貸市場的資金龐大，此一體制猛然瓦解。二〇〇八年，雷曼兄弟破產，貝爾斯登在最後一刻得到摩根大通銀行以每股兩美元買下而得以保住。美國國際集團、美國銀行、花旗集團，若非政府出手給予巨額緊急金援，大概也會垮掉。總而言之，各大金融機構和它們所宰制的市場，總共損失約十四兆美元，約略相當於美國一年的國內生產總值。[1]

曾任美國參議員，現為艾倫（Allen & Company）商業銀行經理的比爾・布萊德利（Bill Bradley），二〇〇九年四月三十日在一場座談會上總結了損失：「中央政府替美國金融部門擔保和承付的款項現已達約十二・七兆美元，而我們在這場危機裡已花了四兆多美元……美國納稅人付錢給花旗集團約四千億美元。」

二〇〇八年的諾貝爾經濟學獎得主保羅・克魯曼（Paul Krugman）補充道：「美國家庭的資產淨值遽跌十三兆美元，全球各地也遭遇類似的打擊。」[2]

全球金融崩潰擴及整個經濟。到二〇〇八年十二月三十日，標準普爾／凱斯－席勒房價指數（S&P/Case-Shiller Home Price Index）下跌到歷史新低，住宅營建下滑了三八%。二〇〇九年頭幾個月，國內生產總值以超過六%的平均年率下滑，工業生產下跌了十三%。美國勞動統計局宣布：「（二〇〇九年）四月，失業者眾，且幾乎遍及所有重要的民間產業。整體來講，民間雇用人數少了六十一萬一千人。」失業人口增加為一千三百七十萬，將近勞動人口的九%。衰退現象在二〇〇九年五月正式邁入第十六個月，穩穩朝大蕭條後最長的衰退期邁進。

每次一有新統計資料公布，似乎都打破先前的紀錄；前景令人愈來愈沮喪。企業庫存減少一千零四十億美元，是自一九四七年開始編纂這類統計資料以來減少最多的一次。出口萎縮三成，為四十年來最大的衰退。商業投資遽減將近四成，下跌幅度又是歷史新高。住屋興建活動下滑三八%。企業以聞所未聞的三八%年率裁減總支出。當十二%的美國人未能如期支付貸款或遭取消回贖抵押品的權利，又一個歷史新高創下。被視為經濟體質健全之楷模的通用汽車，破天荒宣布將讓美國境內十三家組裝廠停工，將削減產量十九萬輛；然後在二〇〇九年六月一日，通用申請破產保護，聲明重整後將再減少二萬一千個工作機會，將至少關掉十二座工廠，關掉二千六百家汽車經銷店。[3]最後，通用遭到最無以復加的恥辱：基本上遭美國政府國有化。

這場衰退波及全球。

聯合國的《二〇〇九年全球經濟情勢與前景》報告，預測該年全球經濟負成長二·六%，大大下修了其先前對二〇〇九年經濟情勢的最悲觀預測（下跌〇·五%）。這份發布於二〇〇九年一月的報告表示：「全球信用緊縮繼續傷害全球各地的實質經濟。」

該報告預測，接下來兩年裡會有五千萬人失業，「如果情勢繼續惡化」，這個數據「一下子就可跳升一倍」。聯合國進一步預測，二〇〇九年全球貿易額會下跌十一%，為大蕭條以來最大幅度的年度下跌。[4]

不過這些預測雖然駭人，呈現的卻是過度樂觀而不合事實的景況——統計數據清楚表明，我們正受到自己政府和全球金融機構的擺弄和明目張膽的欺騙。這些人正在玩我當經濟殺手時學的把戲：把未來說得比可能的情形要更加光明。想方設法讓人不要驚慌，維持現狀。在我看過的那些統計資料裡，即便最悲觀的預測都是嚴重低估。例如，中國傳出的消息指出，中國至少已有兩千六百萬人失業。[5]如果加上美國的一千三百七十萬失業人口，全球失業人口想必大大超過聯合國預測的五千萬人。這一把戲的另一個明證，出現在二〇〇九年第一季結束時。當時，分析家努力想讓我們相信，經濟正在好轉，但美國聯邦準備理事會五月發布的預測表示，二〇〇九年經濟會下跌二%，大幅修正先前預估的下滑一・三%。聯準會將其失業率預測，由早先的八・八%上修為九・六%。[6]我們可以合理推斷，這些調整過的預測也流於樂觀，實際數據會更糟。[7]

索羅斯基金管理公司和開放社會協會董事長，暨《索羅斯帶你走出金融危機》（*The Crash of 2008 and What It Means*）作者喬治・索羅斯（George Soros），在二〇〇九年四月三十日舉行的那場座談會期間，透露了他給歐巴馬總統的建議：「他必須重整金融體制，因為那個體制無法恢復原來樣貌。」

挑戰

我們現今正遭遇的崩潰，既非事出偶然，也不是短期可度過。它是某些政策與心態的結果，而那些政策與心態在我於將近四十年前當上經濟殺手之前，就已問世。

第二次世界大戰後，我們一直處於塑造史上第一個真正全球性帝國的過程中。我們並非派出身穿迷彩裝的戰士，而是派出帶著公事包與電腦模型的藝術家。他們運用精準的經濟學工具，刮取從第三世界開採出的珍貴礦物。

一般來說，我們的企業先找出擁有他們覬覦之物——重要的資源或攸關未來發展的房地產——的國家，然後經濟殺手前去勸說該國的領袖，讓他們相信他們需要的乃是來自世界銀行與其姊妹組織的龐大貸款；但這些領袖被告知，錢不會直接撥給他們的國家，而是付給替他們建造基礎設施（例如電廠、港口、工業園區）的美國企業。經濟殺手向那些領袖保證：「這些有利於你和你的朋友。」所謂的朋友，即是做生意的寥寥幾位有錢的本地家族，他們的生意大大受惠於電力、出口、製造品。我們略而未提的是，首要的受惠者會是我們自己的企業，也就是建造那些基礎設施的企業。

若干年後，經濟殺手再度上門。「嗯—嗯—嗯，」他們說，手撫摩下巴，像正在端詳模特兒的藝術家。「看來你借的那些巨款，無法如期償還。」等模特兒開始嚇得發抖時，他們露出淺淺微笑。「別擔心，我們可以搞定。你只需要把石油（或其他資源）便宜賣給我們企業就可以；廢掉那些讓我們礙手礙腳的環境保護法和勞動法；同意絕不對美國商品課徵關稅；接受我們欲針對你們產品築起的貿易壁壘；將你們的公用事業公司、學校和其他公共機構民營化，賣給我們企業；派兵到伊拉克之類的地方支援我們……」

這是透過一群人的狡詐與經濟騙術發展起來的體制，而那群人，忽商（企業）忽政（美國政府），自由遊走於政商之間，統稱金權統治集團（corporatocracy）。金權統治集團的典型領袖人物，舉例來說，有羅伯・麥納馬拉（Robert McNamara，曾任福特汽車公司總裁，後來在甘迺迪和詹森當政時出任國防部長、最後出任世界銀行總裁）；喬治・舒茲（George Schultz，芝加哥大學商學研究所的經濟學教授暨所長，當過尼克森政府的勞工部長、行政管理與預算局局長、財政部長，雷根政府的國務卿，貝泰工程公司的總裁，小布希總統的顧問，摩根大通銀行國際諮詢委員會主席）；理察．錢尼（Richard Cheney，當過福特總統的白宮幕僚長，一九八九年眾議院的少數黨黨鞭，老布希政府的國防部長，哈利波頓公司的董事長暨執行長，小布希政府的副總統）。

最近在厄瓜多某藝術展覽場閒逛時，我看到一幅工法出色的人像鋼筆素描，畫中人一眼就可看出是錢尼。他一腳穩穩踩在白宮上面，另一腳踩在哈利波頓公司設於杜拜的新總部，一手抓著文件揮舞，另一手揮著AK—47步槍，蹲在非洲與中東上方，長褲褪到腳踝處，正在解大便。他下面的圖說寫道：「世人對此事的看法。」

在最高層級，經營我們最大企業的那些人和掌理我們政府的那些人，根本就是同一批人。但在前面衝鋒陷陣的，乃是像我這樣的經濟殺手，而且我們經濟殺手始終知道，真正的殺手，即所謂的豺狼，隱伏在我們身後，隨時準備推翻或暗殺不聽話的領袖。有少數例子，暗中行動無效，如在伊拉克或阿富汗所見，這時就會揮軍直入。

這套做法在國外很成功，因此我們把它引進美國。我們經濟殺手在菲律賓、薩伊（剛果）、厄瓜多要求當地領袖施行的政策和手段，有許多引進了紐約州、加州和密西根州。在美國境內，最普遍的做法包括：廢除企業不喜的法規，使它們不必再受到環保、社會、忠實廣告等保護大眾權利之規範嚴格約束；承繼大量個人、企業、政府的債務；將公用事業、監獄和其他「公共」機構民營化；以「國土安全」為名提升警察的監視權；把公有土地用於服務企業利益。

我說的「成功」，只在你剛好是金權統治集團一員的情況下才成立，也就是說只有那些與國會議員、制定規章的官員、總統之類人物一起用餐的商業與金融執行長權力掮客，才會認為那是「成功」。對其他人來說，那是場慘敗。我們人民看著自己的基本權利，從聯邦醫療保險到公立學校方面的種種權利，不斷遭蠶蝕，看著由鄰居夫妻經營的店鋪不敵大型連鎖商店而收手，看到媒體遭少數財團把持，如今我們碰上一場過去有人告訴我們絕不會再發生的經濟衰退。

一九七八年，我幹經濟殺手已幹了將近七年，但直到那時我才搞懂自己當時正努力維繫的那個體制的深遠影響。當時我的任務是說服巴拿馬政府最高首長奧瑪·杜里荷（Omar Torrijos）向世銀承貸巨款。雖然巴拿馬政府不久前已透過談判收回巴拿馬運河，但若能把巴拿馬搞到破產，將使美國得以穩穩掌控該運河，並確保美國企業得到有利可圖的營建合同。那是典型的經濟殺手伎倆：把一國領袖腐化，讓他致富，使他的國家淪入可讓我們無情剝削的境地。

但杜里荷不買帳。「我不需要你們的臭錢，華尼托，」有天下午他這麼說。當時他和我站在一艘豪華遊艇的甲板上，遊艇停靠在孔塔多拉島（Contadora Island）的碼頭。該島是美國政治人物和企業高階主管的安全享樂天堂，可在這裡盡情享受女人和毒品，而不致受到國際新聞媒體和妻子的窺探。杜里荷靠在刷得光亮的桃花心木欄杆上，投來他最迷人的微笑。「我有豪宅、美食、跑車、一個借我遊艇的朋友……」他挺直身子，張開雙臂，作勢擁抱整個座艙，正有幾名他的男性心腹顧問與六名身穿比基尼的年輕女子在那裡享用蘭姆雞尾酒。「男人想要的，幾乎是樣樣不缺。」然後他皺起眉頭。「只缺一樣。」他接著告訴我，他的目標是讓巴拿馬人民擺脫「美國佬的枷鎖」，使運河由巴拿馬牢牢掌控，協助拉丁美洲擺脫我所代表的那個東西，他稱之為「掠奪性資本主義」的東西。

他還說：「你知道的，我所建議的東西，最終也會造福你的小孩。」他解釋道，我所推銷的那套由少數人剝削多數人的體制，注定要亡。「就和前西班牙帝國一樣，會瓦解。」他吸了一口古巴雪茄，慢慢吐出煙，像在送飛吻的男子。他警告道：「除非你、我、我們所有朋友一起對抗那些掠奪成性的資本家，否則全球經濟會動蕩不安。」他瞥了一眼海面另一頭孔塔多拉島上的沙灘和棕櫚樹，又回頭瞧我一眼。「別讓自己受騙上當，」他說。

我深信正因為杜里荷試圖改變那個體制，才葬送了他的性命。他死於一九八一年六月的私人飛機墜機意外，許多國際媒體認為那是美國中情局的暗殺行動。得知這個噩耗時，我驚訝得說不出話，但不覺意外。事前我已擔心了好幾個月，擔心他若不乖乖讓經濟殺手將他腐化，豺狼會要他的命，一如豺狼要了伊朗的穆罕默德．莫沙德（Mohammad Mossadegh）、瓜地馬拉的哈可博．阿本斯（Jacobo Arbenz）、印尼的蘇卡諾（Achmed Sukarno）、剛果的派崔斯．盧蒙巴（Patrice Lumumba）、智利的薩爾瓦多．阿葉德（Salvador Allende）、厄瓜多的哈伊梅．羅爾多斯（Jaime Roldos），以及他之前其他許多統治者的性命。

美國境內沒有人支持杜里荷的目標，美國總統尤其不支持。他們一如美國國會，夾著尾巴偷偷走到他們的主子跟前——就是資助他們競選並要求更多權勢的企業大老闆。我們人民（選民和消費者）只嚷著要更便宜的商品，卻渾然不察雨林、山頂、珊瑚礁和工人所蒙受的傷害。

簡而言之，一九六〇年代末期，當全國性新聞主播華特．克朗凱（Walter Cronkite）從越南回來，宣布越戰並不如官方所宣稱的那麼順利時，我們似乎才有了擺脫死氣沉沉的可能。他的播報鼓舞美國人民上街頭要求停戰，最終那場戰爭變得極不得人心，迫使尼克森總統不得不想辦法讓美軍脫身。但西貢一失陷，我們隨即回復麻木狀態，未能深究這場戰爭的深層原因。我們忽略了以下事實：這場戰爭使百萬富翁變身為億萬富翁，而且它只是一個較難察覺之惡疾的症狀，這個惡疾日後將會再度纏擾我們。我們看著克朗凱退休；對於他的新聞臺和其他所有新聞臺被金權統治集團買下，新聞報導被追求轟動效應的娛樂節目取代，我們只是袖手旁觀。當柯林頓的「非洲文藝復興」支持一個又一個殘暴獨裁者，只要這些非洲國家為美國企業的掠奪和利潤敞開大門即可，我們忘了抗議。除了少數例外，九一一事件後，我們未質疑派兵進入伊拉克是否有理。我們漠視政府所達成而大不利於其他國家的貿易協定、全球各地不斷上漲的巨額債務、華盛頓當局藉由解除一個又一個產業的管制而賦予大企業的離譜權力。

我們把企業的執行長捧得老高，讓這些管理我們企業的人享有前所未見的財富，最後讓一般執行長的薪酬漲到普通工人薪水的四百多倍（遠超過此前美國歷史或歐洲、日本及其他地方歷史上任何一個時代的比例）。我們的商業雜封面上充斥太多賺了數十億美元的華爾街戰士，而這些人能賺上這麼多錢，有一部分是靠瞞報獲利和創造風險更大的新金融工具。犧牲多數人的利益而讓少數人獲利，這種事自古即有，但我們並未體認到一項悲慘事實，即這裡的「多數人」就是我們自己。經濟衰退重創我們的社會，但除了為銀行、保險公司、汽車製造公司，以及讓我們的儲蓄化為烏有的企業高階主管提供金援，我們仍舊毫無作為。我們只關心自己的荷包，而未多費心思去關心貧民窟裡為了搶奪耐吉（Nike）網球鞋而開槍互射的人，關心世界各地瘦得皮包骨的飢民。我們開心享用中國城市製造的精巧小玩意，卻未聞到正使那些城市窒息的廢氣。

「國際特赦」人權組織於二〇〇九年五月警告，全球經濟衰退正導致全球各地更嚴重的壓迫，斷言「我們正坐在一個不公、不義、不安全的火藥罐上，而火藥罐即將爆炸」。[8]全球人道論壇（Global Humanitarian Forum）報告，全球暖化造成每年三十多萬人喪命。[9]我們忽視這些警訊和其他無數警訊。

我們看著環境保護計畫的經費枯竭；看著志在為貧幼老弱者改善社會與生活條件的非營利與非官方組織經費枯竭；看著旨在監控並保護使地球上得以出現生命的環境的計畫經費枯竭。我們逃避將有利於我們後代子孫的改變，而去抱怨油價和稅金上漲，購買悍馬吉普車和iPod，支持那些資助政治人物競選和讓企業執行長大賺不義之財的政策。

我們欺騙自己，相信當前的體制確有其效用，於是任由以下現象繼續存在：占全球人口不到五%的美國人，消耗全球四分之一以上的資源，而同時，全球有將近一半人口在貧窮線或貧窮線以下掙扎求生；有將近兩億孩童淪為形同奴隸的童工，在非人的環境裡工作；窮國每得到一美元的外援，就支付一．三美元的外債利息；[10]非洲大陸還債的開銷是健保開銷的四倍多。[11]

我們讀過這類統計數據，互看一眼，聳聳肩，努力告訴自己：「我們的體制或許不完美，但眼前沒有比這更好的體制。」

＊＊＊

我們生活在能將人送到月球、能接種牛痘使人免患天花、能複製綿羊、能透過網路將整本書瞬間傳給另一方的社會，卻一再忘記去問能讓我們看出事情全貌的問題：

如果全球五％的人口消耗掉全球四分之一的資源，然後同樣的經濟模式套用到中國、印度、非洲和拉丁美洲，需要多少資源？

如果我們的體制是靠著將數千萬孩童變成金融奴隸來維持，我們下一代的未來在哪裡？

如果工業化世界只有藉由將其他國家納入支配，使其他國家背上永遠還不起的債，才能滿足其獲取廉價石油的胃口，我們未來的繁榮與生活方式要靠什麼來維持？

我們避而不答這些問題，因為它們指向一個必然的結論：我們現行的體制不管用。我們不想聽到，若要讓地球上另外九五%的人享有與我們所使用一樣多的資源，將至少需要另外五顆和我們現所居住的一模一樣但沒有人在其上的地球。繼續虐待其他國家的孩童，將為我們的下一代打造一個被與日俱增的暴力所撕裂的世界。讓別人揹上大到還不起的債，最終將使他們和我們的經濟同歸於盡。

我們已經不想聽到，回歸「常態」就是由不得你。

第二章 巨人對決：凱因斯對傅利曼

擔任經濟殺手，在第三世界國家推銷大型基礎建設計畫時，我的工作建立在民營化與獲利掛帥的救世主式信念上。這一信條造成現今我們所面臨的種種危機——經濟崩潰，還有其他種種弊害：全球暖化、傷害人權、貧國與富國差距日增、資源日益短少、石油及糧食等大宗物資價格逐漸上升。但只有少數人體認到，過去所採行的基本政策乃是兩位巨人對決的直接結果。那是一場改變歷史的搏鬥。

寫下名著《就業、利息與貨幣通論》（*The General Theory of Employment, Interest, and Money*，一九三六年出版）的英國經濟學家凱因斯，堅決捍衛平民的權利，認為那是資本主義成功的關鍵之一。他的理論在第二次世界大戰之前和之後，普獲學院中人與決策者採納。他扭轉了許多盛行的關於「自由市場」之有效性的理論，包括不受約束的市場（在工人同意降低工資的假設下）能提供完全就業的觀念。這是個特別重要的觀念，因為歷來的實業家都高舉「自由市場」的大旗，合理化他們打擊工會的行徑和許多工廠裡工作環境的髒亂。凱因斯主張，欲解決伴隨經濟蕭條而來的大量失業，得訴諸靠稅收支持的大規模政府支出，而非犧牲勞工權益。

一九五〇年代，共和黨籍的美國總統艾森豪啟動奉凱因斯原則為圭臬的公共投資計畫，例如建造全國高速公路網。為免被自己政黨貼上「進步黨員」或「羅斯福新政派」的標籤，艾森豪把這些計畫當作抵禦日益升高之蘇聯「赤色威脅」的必要措施來宣傳，果然達到目的。

一九六一年，新當選的民主黨籍總統約翰·甘迺迪，奉行中央經費刺激經濟成長的信念。他投注資金於鼓勵個人拓展視野、鼓勵企業創新的計畫上。他的「新境界」（New Frontier）施政綱領，承諾聯邦提撥教育經費、給予老人醫療保健、政府積極對抗衰退、結束種族歧視。他所創立的「和平團」（Peace Corps，我一九六八年加入的組織），鼓勵美國人到其他國家援助當地人民。他的太空計畫和矢志將人送上月球，目標在將公共經費挹注於既有利於民間部門又能加以管制的領域。

甘迺迪於一九六三年遇刺身亡後，詹森總統進一步發揚凱因斯的主張。他的「大社會」（Great Society）施政綱領，針對醫療、教育、都市更新、運輸，投下大筆經費。

也有許多資深共和黨員相信凱因斯的經濟理念。尼克森於一九六八年選上總統後，透過社會保障制度、聯邦醫療保險、糧食援助、公共補助，提高聯邦政府對個別國民的直接支付。他當政期間，這類支付由占國民生產總值約六%，成長為將近九%。他還針對大企業施予薪資與價格管制，他甚至表示「我們都是凱因斯信徒」。

但數股強大的反抗勢力聯合起來對付凱因斯。保守的商界人士和政治人物痛恨這些政策所加諸他們的限制和規定，於是詆毀凱因斯的主張。他們抱怨工會勢力太大，抱怨昂貴的勞動成本和太多規定已使美國在國際上處於劣勢。

「離譜，」一九七〇年代初期的亞洲之行期間，吃了一口印尼沙嗲的傑克．道柏（Jake Dauber）激動罵道。道柏是柴思提緬恩公司（Chas. T. Main, Inc）公司的總裁，緬恩則是我上班的公司，總部位在波士頓。他邀了我和其他幾名緬恩公司高階主管，到雅加達洲際飯店頂樓的豪華餐廳用餐。「太離譜了，日本人竟能掏空美國每個製造業。他們竊取我們的想法，然後以一半的價格生產我們所發明的商品，這全因為我們那些可惡的工會。」

傑克和其他類似的高階主管在政界尋求奧援，最後皇天不負苦心人，找到由一名電影明星出身的政治人物和一名芝加哥大學出身的經濟學家組成的不可思議聯盟。當時芝加哥大學商學研究所的所長就是喬治．舒茲，而那位經濟學家，亦即我在冰島時浮現在腦海中的米爾頓．傅利曼，則會於不久後成為超級巨星。隆納．雷根（Ronald Reagan）和傅利曼組成一支好鬥的反凱因斯團隊；傅利曼的主張最後還會獲得諾貝爾獎的肯定。

這位身材矮小、戴著蜻蜓眼鏡的學者會投入這場戰鬥，乍看之下似乎頗令人訝異。他是敵營出身，當過凱因斯學派的經濟學家。然後，就像躲避冰島太陽的巨怪，他急急逃到另一陣營，並提出一種截然相反的政策，他名之為貨幣主義的政策，反過來攻擊他的前恩師。傅利曼認為，政府無法管理經濟，因為人會改變作為百般阻撓。他深信私人企業的執行長比公務員更能造福大眾，並主張凱因斯的原則導致滯膨（stagflation，高通貨膨脹和低經濟成長）——也就是使一九七〇年代大半期間美國經濟難以成長的經濟條件。他的解決辦法乃是進一步減稅，廢除「新政」期間所施行，把美國帶離「大蕭條」的那些管理辦法。

凱因斯學派主張，傅利曼忽略了「自由市場」裡的許多缺點。主要缺點之一，乃是人行事不盡然符合道德。高階主管可能不當利用他人所不知的訊息，例如利用新產品將上市、股價將隨之變動的訊息圖利。金融專家刻意以「有擔保品擔保的債」、「衍生性金融商品」之類晦澀詞語虛晃一招，把大眾弄迷糊。有管道取得在不同市場（例如波札那和玻利維亞）以不同價格販售之同樣商品的資料的商人，利用這類資訊賺取價差。凱因學派主張，若沒有管理，市場會是貪腐的溫床。

但在雷根走出銀幕，入主加州州長官邸，再扶搖直上入主白宮時，傅利曼贏得了這場經濟巨人的戰爭。雷根這位政治人物，奉「企業的社會責任就是增加獲利」和「管得少的政府就是好政府」為圭臬。雷根在政治上的勝利開啟了一個時代，而那個時代的特色是將國有資產轉移到民間，以及廢除那些保護消費者與投資人，使不受肆無忌憚之企業經營者傷害的法律。事後來看，那是個以貪婪、功利、（企業、政府、個人）過度負債、大財團形成、貪腐（以安隆、馬多夫、華爾街崩潰為代表的那種貪腐）為特色的時代。

雷根當選總統後的將近三十年裡，跨國企業壯大，而官方對道路、橋梁、供水和汙水排放系統、醫院、學校的投資則幾乎停擺。市、郡、州被迫將原被視為公共資產的部門賣給民間企業的情形，愈來愈常見。據估計，如今要修補建於「新政」期間和「新政」之後，因傅利曼經濟理論當道而遭冷落的基礎設施，得花費超過兩兆美元。[1]

「自由市場」最終會促進已開發和開發中國家的經濟這一觀念，繼續主導了華盛頓當局的許多政策許多年。在前財政部長暨前高盛執行長羅伯・魯賓（Robert Rubin）和聯準會主席葛林斯潘這兩位傅利曼信徒影響下，柯林頓總統倡導「自由貿易」協定（例如含括關稅暨貿易總協定〔GATT〕的世界貿易組織〔WTO〕協定，以及北美自由貿易協定〔NAFTA〕），有利於跨國企業（競選活動的主要金主）。二〇〇〇年當選總統的小布希，請傅利曼替他於九一一事件後向美國民眾提出的著名「上街購物」建議辯護，替他的拉丁美洲貿易協定辯護，乃至替他在伊拉克戰爭的龐大開支辯護。小布希是這位芝加哥教授的死忠信徒，一如他的父親老布希、英國前首相柴契爾夫人、加拿大前總理穆羅尼（Brian Mulroney）、冰島前總理奧德森（David Oddsson）、智利的前獨裁者皮諾契（Augusto Pinochet）。

諷刺的是，那些對於政府投注資金於有利中產階級與下層階級之計畫抨擊最力的人，當政之後卻為了支持服務自己政權的軍方和企業，而使政府揹上巨額的預算赤字。一九八〇年代，雷根總統的「星戰」戰略防禦計畫，撥了數十億美元給軍火承包商。小布希於九一一事件後在國內外展開的反恐怖行動，創造出美國史上最龐大的赤字。他還創造出無數的新億萬富翁，大大增加美國最富裕階層的財富，同時降低美國其他人的實質收入和薪資，使美國經濟幾乎崩毀。

麥可．帕倫蒂（Michael Parenti）是政治分析家，著有多本著作，包括《少數人的民主》（*Democracy for the Few*）和《超級愛國主義》（*Superpatriotism*）。他扼要說明了那幾年期間國債的演變：

> 雷根入主白宮時，國債是八千億美元，卸職時是兩兆五千億美元……他還提出歷來最大規模的課稅計畫，但那是遞減稅，是針對數千萬人課徵的社會保險稅。老布希當政時，國債由兩兆五千億增加為五兆美元。柯林頓——在這一點上我要給他肯定——他的確努力清償債務。但小布希當政八年期間，國債由五兆增加為十兆美元。[2]

小布希選上總統時，全美四百大首富的資產約一兆美元。六年後的二〇〇七年，他們的資產已增加六成，來到一．六兆美元。同時，普通工人的實質收入減少了兩千多美元。[3]

傅利曼自由市場理論的惡果，在小布希當政的末幾年來到最嚴重階段，全球各地金融市場崩潰，商業放款停擺，公司資遣員工，經濟如自由落體直墜。但即使面臨如此驚人的虧損，金權統治集團那少數的天之驕子，仍繼續領高額的薪水和紅利，彷彿那是應得的。這些政策帶來的是在隔年連番打擊我們、在二〇〇八和二〇〇九年令每個人反感的新聞大標題：

- 美國國際集團將付出四億五千萬美元的紅利[4]
- 全國各地高階主管組成靠抵押借款獲利的新公司，銀行破產[5]
- 美林支付千萬美元紅利給最高階主管[6]
- 議員就金援一事質詢銀行業者[7]
- 德州公司被控詐騙八十億美元[8]
- 痛悔犯錯，汽車業執行長上路[9]
- 百位前政府官員替銀行獲取金援一事遊說[10]
- 高盛報告第一季獲利十六億美元[11]
- 艾克森美孚執行長加薪一成[12]
- 據調查：美國執行長加薪多於減薪[13]
- 銀行業者為何仍被中央奉為上賓？[14]
- 美國國際集團的紅利超出先前所揭露[15]

這種新聞標題和文章，出現在描述一九二九年股市崩盤與經濟大蕭條過程的歷史書裡不稀奇，但出現在二十一世紀的報紙頭版和網站首頁上，可能就教人意想不到。

這些新聞標題一點也不幽默，但讀著它們時，我想起一則關於凱因斯與傅利曼在天堂門口站在聖彼得面前的故事。聖彼得要他們說說自己為何有資格上天堂，凱因斯答道，他在大蕭條期間努力拯救數百萬窮人，使他們免於餓死，傅利曼則直言說道，他把一生奉獻於讓人類擺脫罪惡。

「怎麼說？」聖彼得問傅利曼。

「違反規矩是罪惡，」這位戴眼鏡的教授答道：「而我致力於打掉規矩。」

* * *

「大蕭條絕對不會再出現！」這是一九六〇年代末期我在商學院就讀時常聽到的話。我那些教授很篤定認為，為避免重蹈這類覆轍而施行的那些法令會保護我們。他們說的沒錯。

過去三十年裡，美國經歷了四次經濟衰退：第一次始於一九八〇年，持續了將近兩年；第二次始於一九九〇年，持續不到一年，繼之以有紀錄以來最長的經濟成長期；第三次始於二〇〇一年三月，結束於十一月；第四次，即目前這一次，可溯及二〇〇六年那些事件，且在二〇〇七年夏就已展開。

前三次衰退都得到復甦，乃是因為我們受到我在商學院求學時就已知悉的許多規定保護。不幸地，過去二十年裡這些法令不斷遭削弱、中止或撤銷，然後我們國家步入了一個階段，企業的行事作風就像是被寵壞又叛逆的青少年。

成長中的年輕人，深信自己得在學業、運動、藝術創作、跳舞或交女朋友上，更勝同輩一籌。追求更出色的表現，首要目的是為打倒別人，而非單純為精通某事。成人前的這一階段，表現出來的特色乃是拒絕遵守規則，且以「那些東西只會妨礙我與人競爭、成就自我、出類拔萃」為藉口，為自己辯解。

資本主義走過類似的過程。成衣商或汽車公司深信，為了賺錢獲利，得把顧客引離競爭同業。野心更大的話，則想稱霸市場和剝削。數百年來人類一直堅信，為了社群（包括國家）的進步，必須剝削鄰人。這是從古代軍事帝國（遠從上古的中國與希臘，近至大英帝國）到今日第二次世界大戰後的新殖民主義共通的基礎。這一欲打敗任何競爭者（真實存在或想像出來的競爭者）的無可饜足念頭，快速消耗地球最珍貴的資源，且至今仍未中止。

無休無止的競爭是不成熟青少年期的表徵，合作則代表經過人世歷練的較成熟作風。我們把促成合作的組織性能力，視為先進社會體制的象徵。我們嘆服並孜孜研究那些會成群合作的動物，例如狼、獅、海豚、黑猩猩。隨著人類社群也更趨複雜，我們看到合作的好處，因此結盟。於是，城邦國家變成民族國家，民族國家彼此簽訂公約，以相互支應，彼此保護，例如北大西洋公約組織和歐盟。

必定有人會納悶，打完第二次世界大戰，並成立聯合國、世界銀行和其他旨在加強全球合作的機構之後，為何美國政府和企業最高階主管仍繼續提倡那種強調競爭和剝削的模式。為何一九八〇年後華盛頓當局所簽的公約，例如自由貿易協定，最終未成為統合的工具，反倒成為分化與征服經濟世界其他地方的工具？

答案就在那場經濟巨人的對決中，傅利曼打敗了凱因斯。勝方施行的激進體制，提倡一個讓數百萬人面臨飢餓和環境退化、讓自然資源的枯竭威脅到生物之根本生存的世界。

政治上來講，雷根當選總統的一九八〇年是起始年。但那股不顧後果、邁向自我毀滅的衝勁，在將近三十年之前，凱因斯經濟理論當道而傅利曼仍在孕育其理論時，就開始出現。第一陣炮聲，就像當年康科德（Concord）橋上為美國獨立戰爭揭開序幕的那一槍，改變了世界。但這一次是發生在地球另一頭的祕密事件。這件事使年輕的雷根決意從民主黨員轉為共和黨員，從凱因斯信徒轉為傅利曼信徒，從電影演員協會會長轉為破壞工會者。

我是從克勞汀．馬丁（Claudine Martin）這位美艷、誘人、善於操縱他人的女人——我當經濟殺手的頭幾個月期間帶我入門的師父——那兒，首次聽到此事。

第三章 第一位經濟殺手

與克勞汀那段關係，是我所體驗過最陰暗的內心衝突。她百般勾引我，幾乎用盡天下男人無法抗拒的誘惑方式，但我自己也心甘情願配合。她給了我渴望的東西：擺脫父母的清教徒清規束縛、冒險與浪漫、良師、做夢也想像不到的肉體歡愉。同時，我也意識到自己正把靈魂出賣給經濟殺手的圈子。我背叛了妻子，背叛了我一輩子信奉的大部分原則。

那時是一九七一年；我剛進入緬恩公司服務，那是一家替政府和企業提供諮詢服務的公司，有約兩千名專業人士。我的頂頭上司強調，公司很自豪於行事作風的低調。客戶希望我們嚴守保密條款，就像他們的律師和心理治療師一樣。公司不准我們與媒體交談。因此，除了我們服務的客戶，幾乎沒人聽過我們。若在別的情況下碰到克勞汀，我可能會起疑；但那時我已見識到該公司行事的乖離常情。

那時，我坐在波士頓公立圖書館的某張桌邊，一名身材曼妙、身穿深綠色套裝、有著深褐色頭髮、淺黑色皮膚的女子出現，教我眼睛為之一亮。緬恩公司總部就設在保德信中心（Prudential Center），與圖書館位在同一條街上，兩者相距不遠。她悠閒走進房間，走過數排書架，在我桌子對面坐下，我裝出沒看到的樣子。

知道她在打量我，我既興奮又困窘。身為老師的小孩，我從小在新罕布夏州的私立男童寄宿學校長大，每有美女在旁，就不由自主不知所措，笨手笨腳。我抗拒想直視她的衝動，但非常清楚她有雙勻稱的美腿。我努力想讓自己更專注於攤開在面前的世界銀行科威特統計資料，她則將雙腿交叉、放開、再交叉數次。

然後她伸了伸懶腰，未發一語，從椅子上起身。她就站在那兒俯視我好一陣子。

我刻意翻了幾頁面前的書，差點把書弄掉到地上，羞得真想鑽進地洞。

她大笑，那種低沉柔和的大笑。

我別無選擇，只得抬頭看她。當時我覺得，她很像義大利女影星吉娜·羅洛布里吉達（Gina Lollobrigida）。

她舉起一根指頭放到嘴唇上，甜甜地笑，繞到桌子這一頭，迎面遞上一本書。書裡有張簡介印尼的表格，還有一張如下的名片：

克勞汀・馬丁
特別顧問
柴思提緬恩公司

我盯著她的眼睛瞧，這雙眼睛和她身上的套裝一樣翠綠。

她伸出一隻手，然後在我旁邊的椅子坐下。她悄聲說——在安靜的圖書館裡如此悄聲似乎是理所當然的事——她奉派前來協助訓練我，還說她會把我教好，以便我執行第一項任務。「你要去雅加達，」她說，聲音之迷人，大概連最能抗拒塞倫女海妖的尤里西斯都會把持不住。她伸過手來，闔上我正在看的書。「別管科威特了。」

她抓住我的手，輕柔地把我帶到外面的走廊上，遞上另一張名片。這張名片背面有手寫的地址。「我住的地方，」她說：「明天中午過來。」

我簡直是嚇傻了。

她輕撫我的手臂。「我知道你一定覺得這很怪，」她坦承道：「像夢一般，但這是真的。」她轉身，好似要離開。「明天如何？」

我勉力點了點頭。

「很好。還有，別跟人提起這件事。連你老婆都不能提。」

隔天下午第一堂課結束前，我們已成了情侶。之後，我們定期在克勞汀的畢肯街公寓碰面。她強調我們之間的事一點都不能向他人透露，從而強化了我對緬恩公司已有的認知。她好幾次提起我是有婦之夫。「我絕不會做傷害你婚姻的事，」她向我保證。「但就連你最好的男性友人，都不能跟他們提起我們的事。在圖書館的那場偶遇，應該已讓你知道保密的重要。」然後她開始教我怎麼當經濟殺手。

她解釋我們這一行源於一九五〇年代初期一個關鍵事件。「我想當時沒有人認知到這點，但艾森豪的決定改變了之後的國際政治局勢，永遠的改變。」她攤開地圖，稱伊朗是冷戰棋局上的重要棋子。「這個國家盛產石油，但……」她指著地圖，「更重要的，看看它的鄰國：蘇聯、土耳其、伊拉克、沙烏地阿拉伯、阿富汗、巴基斯坦。此外，誰控制伊朗，誰就掌控波斯灣——也就是阿拉伯人所稱的阿拉伯灣——就能輕易以飛彈攻擊以色列、黎巴嫩、約旦、敘利亞。」她接著說，一九五一年伊朗總理民主大選時，伊朗人選擇了莫沙德（《時代》雜誌一九五一年的風雲人物）；莫沙德是個重要的國會議員，承諾當選後要逼外國石油公司分出更多利潤給伊朗人民，如若不從，就予以徵收。「他的競選承諾不是隨便說說，」她收起地圖。「這個王八蛋把伊朗的石油資產收歸國有。」然後她咧嘴而笑。「惹惱英國和美國情報當局，鑄下大錯。」

那天下午剩下的時間，克勞汀扼要說明了中東的冷戰局勢。她說，英美兩國在第二次世界大戰後關係深厚，且都認為石油產地若落入蘇聯之手，將大大危害他們的利益。莫沙德將石油收歸國有後，美國中情局長艾倫．杜勒斯（Allen Dulles）要求採取行動。但由於伊朗毗鄰蘇聯，艾森豪總統惟恐引發核戰，反對派兵入侵。於是，中情局派了名叫克米特．羅斯福（Kermit Roosevelt，美國總統老羅斯福的孫子）的幹員，帶著數百萬美元潛入伊朗。他雇了一幫惡棍擾亂伊朗，暴動與暴力示威遊行隨之出現，使外界認為莫沙德既不得人心也無能。一九五三年莫沙德遭推翻，在監獄裡關了一陣子，然後在軟禁中度過餘生。中情局中意的人選，親石油公司且親美的巴勒維（Mohammad Reza Pahlavi）入主伊朗，以沙罕沙（「諸王之王」）的頭銜即王位。

「妳是說，」她講完時我問道：「我們的中情局趕走一位以民主方式選出的國家元首？」

她把深褐色頭髮往後一甩，大笑起來。「當然。這個你應該不是第一次聽到。」

我承認讀過莫沙德和其他領袖（瓜地馬拉、智利和幾個非洲國家的領袖）在中情局涉嫌操縱的政變中被拉下臺的事。「但，」我反駁道：「我從沒相信真有這樣的事。或者說，過去如果我深入思考過，我以為他們真的威脅到我們。」

「嘿，你的想法很對。那些人真的是威脅。我們得時時小心提防。共產主義會不擇手段。此外，那個伊朗國王說話算話。他張開雙臂歡迎我們的石油公司，而且讓美國企業包下數千個有利可圖的工程。」

我們討論了更大範圍的影響：克米特．羅斯福下的這一步，改變了中東的歷史，同時使打造帝國的所有老招全變得過時。華盛頓當局體認到，一個人帶著數百萬美元，就能完成過去靠軍隊、花費數十億美元才能完成的任務。羅斯福把伊朗改造為美國的傀儡，且在不至與俄羅斯開戰的情況下——或者，就此來說，在世上大部分人，包括美國公民，完全不知我們已把一個民主國家幾乎完全摧毀的情況下——完成此事。

「但有兩個麻煩，」克勞汀告訴我：「首先，克米特是正牌中情局幹員，如果被逮，我們政府再怎麼說都會很難堪。其次，他倚賴太多未受過訓練的人，也就是他花錢雇的那些惡棍，因此消息最後走漏，引來許多不滿。」她投來嬌羞的一笑。「那就是你要大展身手的地方。」

華盛頓當局想出一個高明的解決辦法，與日益上漲的私有化潮流相容的辦法，也就是雇用緬恩之類承包商，而非政府員工，去幹這種見不得人的事。她還說：「而且我們不想靠引發暴動來成事。更好的替代辦法是在官員揚言收歸國有之前就予以腐化。」

通常，談正事之前，克勞汀都先與我翻雲覆雨一番，她曾說：「滿足你的性慾後，你的學習效果較好。」但有天下午她正經宣布，那一天情況不同。她穿牛仔褲和套頭毛衣，而非較曝露的衣服。「今天純談正事，」她說：「這堂課很重要。」她牽起我的手，帶我到一張墊料加厚的皮椅上坐下。「希望你好好學……」她轉身在我對面的沙發坐下。

「該是時候告訴你了，」她說。她告訴我，我的任務和克米特．羅斯福的一樣：把擁有我們美國企業所覬覦之資源——例如石油、運河或廉價勞工——的國家，納入我們掌控。為防碰到克米特所碰到的那種情況，也就是當地領袖不聽話的情況，一開始我要做經濟研究，替我們鎖定的國家向外巨額借貸一事，提供合理依據。貝泰、哈利波頓等美國企業會承建基礎建設工程。「國家還不出錢時，你就提出合法但強人所難的要求。」

「那就是我在印尼要做的？」

「沒錯。那就是你拿這麼多錢、坐頭等艙、住頂級飯店的原因。那個國家很重要，和伊朗一樣。主島爪哇是地球上人口最稠密的一塊地。印尼是世上最多穆斯林的國家，而且它剛好座落在蘊藏豐富石油的地方。那是絕不能讓共產勢力伸入的地方，越南之後的下一張骨牌。我們得把印尼拉到我們陣營。」

她拿一幅從報紙剪下的漫畫給我看。一隻狼正衝進麋鹿群，造成混亂。另外兩隻狼，一隻成狼，一隻仔狼，靜靜坐在旁邊。那隻成狼解釋道：「等你爹嚇壞他們，把他們搞得精疲力盡，我們再進場搞定，我們的晚餐就有著落。」

「我們幹的事差不多就是這樣，」克勞汀說。她遞上兩本書：《消費功能理論》（*A Theory of the Consumption Function*）、《資本主義與自由》（*Capitalism and Freedom*）。「這禮拜要讀的東西。不盡然都像〇〇七那樣。」

我匆匆看了一下封面，兩本書都是傅利曼所寫。

「但如果你搞懂它們，你會過起〇〇七那樣的生活……當然沒有會變成飛彈的鋼筆。」

這兩本書帶我認識了接下來十年我會在許多第三世界國家用到的理論。拜克勞汀與傅利曼之賜，我對工作漸漸上手。我的確開始過起像〇〇七的日子，至少就飯店、美酒與女人來說是如此。我掛上首席經濟學家的頭銜，領導一群高度專業的人，裡面有經濟學家、金融分析師、管理顧問、地區規劃員各數人，甚至還有一名社會學家。我成為緬恩公司創立百年來最年輕的合夥人。

事後來看，我（如巴拿馬的杜里荷所說）受騙上當了。傻傻的我竟相信投入高度資本化之基礎建設工程的巨額貸款，加上私有化政策，有助於去除貧困。那些貸款和工程，從書面資料上看是件好事，顯示接受貸款的國家經濟成長，但檯面下未揭露的，乃是利息的支出將吃掉醫療保健和教育等社會福利事業方面的經費。沉重債務使愈來愈多人淪為貧民，拉大貧富差距。所有研究都疏於指出，在第三世界，大部分窮人生活在可計量的經濟之外。他們用不起電，買不起車，用不到港口和機場。受雇於現代工業園區的少數人，往往是在惡劣工作環境、低工資、高人員更替率下工作。我的任務，如我後來所發現的，乃是矇騙世人。

我漸漸理解到，在第三世界，我既是那隻把麋鹿群搞得慌亂的狼，也是衝進去大開殺戒的狼。

當時我完全不曉得美國與第三世界國家有共通之處，不曉得在美國國內，我和其他幾乎所有人也是麋鹿之一。我們就像狼爪下的受害者，正被趕往災難之路。

第四章　伊朗與盤繞的巨雲

從印尼回來後，我傷心地發現克勞汀在我出國期間已經離開波士頓。不久我就奉派到巴拿馬出短期任務，然後到伊朗執行時間更長的任務。[1]這兩個國家將大大衝擊我個人，但最初叫我印象特別深者是伊朗。自高中讀過魯米（Rumi）的詩作後，我就對伊朗一直滿懷憧憬。克勞汀跟我談過關於莫沙德和伊朗國王巴勒維的陰謀之後，更讓我想一探究竟。

一九七〇年代，我以外國顧問團一員的身分去了伊朗許多次，顧問團的任務乃是支持巴勒維，說服他將石油收益投入美國企業所設計、管理和營造的工程。說服遍地油元的國家的統治者是一回事，說服印尼之類國家的元首拿未開發的石油資源抵押借款是另一回事，但兩者的結果大同小異。拿醇酒和美食招待引他們上鉤，放進我們的簍子裡。

我協助誘使巴勒維的人民將國家「美國化」，把生意包給美國企業——大至奇異、波音、IBM、花旗銀行，小到來自柏克萊和劍橋專精於新高科技領域的小型創新公司。日益升高的動亂，顯示巴勒維的殘暴獨裁正使原來支持他的人漸漸轉為反對他，反對我們，而我們緬恩公司的人，一如其他許多人，則漠視這些警訊。

就我來說，我有將近十年不願正視情勢即將劇變的警訊，然後，情勢一下子全然改觀。

一九七八年某天晚上，我正坐在德黑蘭洲際飯店的豪華酒吧裡，有位自大學畢業後就未再見到的伊朗友人找上我。有人請他來勸我離開伊朗。很快，我們兩人就坐在飛往羅馬的下一班飛機上。[2]

兩天後，傳來轟炸與暴動的消息。何梅尼與眾穆拉[A]開始發動攻勢。接下來幾個月，巴勒維出亡，被診斷出患有癌症，逃到埃及與巴拿馬避難，接著過世。眾穆拉痛批美國帝國主義，稱克米特．羅斯福是「撒旦的代理人」，指控華盛頓當局「犯下危害伊朗人與人類的罪行」。他們的支持者衝進德黑蘭的美國大使館，將五十二名美國人納為人質，關了他們四百四十四天。此後三十年，大部分美國企業進不了伊朗。

「毋庸置疑，一九七九年的伊斯蘭革命肇因於一九五三年的政變，」前中情局幹員鮑伯．貝爾（Bob Baer）告訴我。鮑伯是受到表揚的特工人員（獲頒中情局的終身情報獎），但與在二〇〇五年艾美獎得獎電影《諜對諜》（*Syriana*）中飾演他的喬治克隆尼並不大像。《諜對諜》就改編自鮑伯的著作《非禮勿視》（*See No Evil*）和《與惡魔共眠》（*Sleep with the Devil*）。鮑伯長得帥，但不是喬治克隆尼那種吸引目光的帥。那時是二〇〇七年的某個週日下午，鮑伯和我正在南佛羅里達的提基（tiki）酒吧裡喝啤酒。當時他就要完成《我們所知的惡魔：與新伊朗超強權打交道》（*The Devil We Know: Dealing with the New Iranian Superpower*），滿腦子想著伊朗。「克米特衝擊了那整個地區和世界。我覺得可以相當篤定地說，從他到巴勒維和那場伊斯蘭革命，再到基地組織，這中間有一脈相傳的關係。」

那天下午，我們談到如果當初我們支持莫沙德，而非把他拉下臺，今日的中東會是怎樣不同的面貌；當初若支持那位民選總理用石油收益改善赤貧的伊朗人民生活，將可以建立遠比巴勒維所提供的還要好的模式。如果我們當初尊重伊朗民主，讓該地區利用其豐沛資源掃除貧窮與苦難，遜尼派與什葉派、阿拉伯人與以色列人的衝突，或許早已

A 譯註：穆拉（mullah），伊斯蘭教神職人員。

解決。

鮑伯還說：「我很擔心一九五三年的事會繼續困擾接下來競選總統的進步派候選人。」

二〇〇九年六月的伊朗總統大選，被歐巴馬政府、美國國會、許多企業老闆視為變天的良機。但鮑伯的憂心成真。伊朗陷入分裂。每次再讀到關於暴動與警察殘暴鎮壓的文章，我都想起克米特．羅斯福。這次大選，穆拉中意的保守派現任總統艾哈邁迪內賈德（Mahmoud Ahmadinejad），擊敗較親西方的穆沙維（Mir Hossein Mousavi），連任成功。認為這場大選過程合法而支持選舉結果的伊朗領導階層，提到當年中情局主導政變拉下莫沙德，乃是今日伊朗不肯屈服於美國壓力或不與美國合作的原因之一。

我覺得，對我們美國人來說，伊朗的情勢發展是一道警訊，而且那道警訊與核武毫無關連。伊朗告訴我們，我們得正視自己周遭隱而不顯的不滿。如果我們再犯下當年對付莫沙德、犯下在巴勒維當政期間的那些錯，如果我們未能識出美國境內那些跡象的意涵，我們很可能會面臨與伊朗所已承受的一樣動亂的局面。我們不會受到穆拉的統治，但對我們社會的衝擊，將遠超過我們已遭受的經濟危機衝擊。

二〇〇九年選後的伊朗情勢，凸顯了一個事實：自一九七八年我離開伊朗那晚，世局已徹底改觀。那時候冷戰正熾，存有兩個超級強權，但局勢正迅速改變。克勞汀給我的那兩本書裡所倡導的突變種資本主義，把蘇聯趕出了超強名單。

有一段時間，由美國一國主宰世局。而這個局面現在正要步入尾聲。全球地緣政治已變。我們已進入一個勢力重組時期，而這次重組與過去城邦國家合組成民族國家那種重組無異。但這一次是全球性的；民族國家愈來愈無足輕重。正在崛起的統治者不是總統、獨裁者、政府官員或政治人物。

統治者是企業執行長，金權統治集團的成員。他們的財團就如盤繞全球的巨雲，觸角伸及每塊大陸、每個國家、每個村子。它們不受國界、不受任何法律的約束。它們有許多以美國為總部，要求美軍保護其利益，卻不覺需效忠哪個國家。它們與中國人、臺灣人，與以色列和阿拉伯國家，與巴西人、澳洲人、俄羅斯人、印尼人、剛果人，與任何擁有他們所覬覦之資源的人，建立合夥關係。誠如我們在哈利波頓這個例子所見到的，只要發現課稅較輕的地方，例如杜拜，他們毫不猶豫就把公司遷過去，絲毫不覺那有什麼奇怪。

這是克勞汀教導我打造的世界，是傅利曼、雷根、伊朗國王巴勒維、經濟殺手的世界。那個世界關注的重點其實不在美國，而在民營化和去除管制。「管得少的政府就是好政府」這句常被人掛在嘴邊的話，概括說明了這個道理。過去被高懸為追求目標的，一直是某種「自由貿易」，在那種自由貿易下，所有的限制都是對跨國大企業有利的限制，而受看重的政府，都是會派兵去保衛油井、大壩、礦場等企業資產的政府。這個突變病毒把蘇聯拉下超強寶座，然後對美國重施故技。

統治菁英（金權統治集團成員）與那位伊朗國王和我們所扶植的其他獨裁者，彼此間有叫人不安的相似之處。與民選總統、首相、總理不同的是，他們並非民選，沒有任期限制，不向任何人負責（宣稱聽命於董事會，但他們全在彼此的董事會任職，沆瀣一氣）。他們在地方政府和中央政府都有莫大影響力。幾乎沒有政治人物沒用到經他們和他們股東之手的錢而當選。他們透過直接擁有經營權，或透過廣告預算，控制了主流媒體。

我要強調，我不支持陰謀論。這些人不必耍共謀，也不需要幹非法勾當。許多人和多數同儕從未打過照面。

透過全國性選舉的募款數據，可一窺他們的方法。二〇〇八年，角逐美國聯邦眾議院席位的候選人共募得九億七千八百萬美元的競選資金，參議員候選人募得四億一千萬美元，總統候選人則募得十八億。[4]這些錢大部分來自企業捐款、政治活動委員會、預期候選人當選後公司獲利會成長而捐獻的個別股東。這裡面毫無陰謀成分；但這的確給了企業大大的政治權力。

同樣的道理可適用在說客的運用上。說客是金權統治集團威力最強的政治武器之一。透過這些人的遊說，企業使政治人物擬出滿足企業需求的法律，即使那些法律違背政治人物的競選承諾，漠視民意。

華盛頓特區的說客人數，因國會待議事項而異。但無論什麼時候，都可能有一萬一千人至三萬人。美國大學（American University）的國會暨總統研究中心（Center for Congressional and Presidential Studies），在二〇〇六年一份報告中論道，二〇〇六年遊說開銷為二十一億三千萬美元。該中心一位博士候選人估算，有多達十五萬人致力於影響公共政策，但其中大部分人並非法定的說客。[5]

二〇〇九年初，全球各地的人努力想找出全球金融崩潰的原因。基本資訊與消費者教育基金會（Essential Information and the Consumer Education Foundation），在二〇〇九年三月四日發布的兩百三十一頁報告，對此提出了看法。我在此將那些看法扼要說明如下：

過去十年金融部門為在華盛頓取得政治影響力，花了五十多億美元，有多達三千名說客，成功說服政治人物做出包括解除管制在內，直接導致當今金融瓦解的種種政治決策……從一九九八至二〇〇八年，華爾街投資公司、商業銀行、避險基金、不動產公司、保險集團，付出十七億兩千五百萬美元的政治獻金，在說客這個旨在削弱聯邦管制而深具影響力的群體上，又花了三十四億美元。光是二〇〇七年，就有將近三千名經官方登錄的聯邦說客為金融業工作。這份報告詳述了十二項解除管制措施，而這些措施聯合起來，造成了金融崩潰。它們包括禁止管理衍生性金融商品；撤銷商業銀行與投資銀行之間不可逾越的障礙；針對大型投資銀行訂定的一項自願管理計畫；聯邦政府拒絕出面制止掠奪性的次級房貸。[6]

在此應該指出，上面只提到受雇於金融部門的說客。來自其他許多產業集團（能源、汽車、軍火、化學品、藥物、保險、批發商、零售商）的說客，也與他們合作密切。

新聞媒體與說客攜手合作影響政治。金權統治集團支配主流媒體的程度歷來有增無減，就和傅利曼資本主義的得勢同步。一九八三年，五十家企業掌控了美國絕大部分新聞媒體，到了一九九二年，這樣的企業減少到二十幾家。二〇〇四年，光是六大企業——時代華納、擁有美國廣播公司（ABC）的迪士尼、梅鐸（Rupert Murdoch）的新聞公司、德國的貝塔斯曼（Bertelsmann）、Viacom（前哥倫比亞廣播公司CBS）、擁有全國廣播公司（NBC）的奇異——就掌握了大部分新聞媒體。[7]這些財團往往支持購併、企業擴張，而反對管制跨國企業。他們在自己的新聞播報和社論裡，鼓吹「自由貿易」協定、民營化，以及導致現今危機的其他政策。

金權統治集團的勢力不只涵蓋全球，且有時也針對個人。美國某大公用事業公司的一位專案經理，說了一則教人不安的故事。他告訴報社，奇異的渦輪未能如期送達，導致他的工廠無法如期開始運轉。那位專案經理告訴我，奇異執行長「傑克・威爾許打電話給我的董事長，要他把我炒魷魚，我的董事長照辦」。消息很快傳遍整個業界；這傳達了鮮明的訊息：凡是批評奇異者，都不會有好下場。

這事聽來令人震驚，卻並不罕見。像傑克・威爾許那種位居高位者，常用這種手法。奇異買下NBC後，有消息傳出，只要報導批評威爾許、奇異，或該公司任何大客戶的新聞，就等於別想再在這行混。[8]令人遺憾的，這類手法不只限於奇異。

有時企業會採取更卑劣的恐嚇手段，包括人身傷害。如果跟哥倫比亞的可口可樂工人、印尼的耐吉工人或奈及利亞的殼牌（Shell）石油工人談過，或如果跟美國境內替泰森（Tysen）食品公司殺雞的人、拒用孟山都（Monsanto）基改種籽的人談過，或如果跟肯塔基州煤礦坑下面的人或緬甸境內攀爬雪佛龍石油鑽塔的人談過，你很可能會斷定，企業有時是用要人命的辦法說服人。揮舞棍棒攻擊工會的時代並未結束。這類活動往往外包給「保全」公司，「保全」公司再轉包給當地公司，當地公司雇用完全不會講英語的混混，使外界要究責時極難追究到企業。

在敝人的前一著作《經濟殺手的告白2：美利堅帝國陰謀》中，我的兩位美國友人吉姆・吉第（Jim Keady）和萊絲莉・克瑞楚（Leslie Kretzu），也是非營利組織「正義教育」（Educating for Justice）的共同創辦人，描述了耐吉公司加諸他們的可怕騷擾。他們在全美各地大學和高中演講，講述他們在印尼與貧困的耐吉工廠工人一起生活的經歷時，遭到企業高階主管於校刊上攻訐他們的人品。在印尼時，則不只是言語攻擊，而是肢體傷害。某天夜裡，在雅加達郊外某條暗路上，他們和攝影師、通譯、印尼籍司機遭一群騎摩托車的惡徒追逐。

「他們圍住我們的車，」吉姆說。

「司機不得不把車停靠路邊，」萊絲莉補充道：「歹徒拿槍逼我們下車，把我們推到一旁。司機被打得很慘。」[9]

商學院課堂上沒教恐嚇的事。「但，」有天晚上，我們在哈佛廣場喝著啤酒時，有位哈佛企管研究所學生告訴我們：「我們知道那是許多公司的標準作業程序。」他朝我們難為情地咧嘴而笑。「光是想到就讓人興奮。知道可以擁有那種權力，且用那權力做壞事不會受懲，誰不會興奮？」

金權統治集團的成員並非什麼陰謀分子，但他們的特色在於一心要打敗別人，到了執迷的程度。為了能為所欲為，他們會不惜花大錢。他們還有一個共同目標：不顧環境危害與社會成本，追求最大利潤。為實現這個目標，他們已創造出極度不穩定、不公義而且危險的世界。

那樣的人如何取得那樣的權力？我們其他人為何容許這種事發生？為什麼社會繼續容忍這種事？這是我們該思索的大問題。

第五章 傭兵

「好的高階主管就像忠心耿耿的軍人，」亞什頓（Ashton）教授在波士頓大學的「商業管理一〇一」中常如此告訴學生。「忠於大目標，不接受只為賺錢的工作。不管是男性或女性高階主管（他瞧了一眼課堂上唯一的女性，畢竟那時是一九六六年），都抱著促進公司長遠成長的使命感來做事。」

我一邊上課一邊勤抄筆記時，亞什頓教授以強有力的口吻解釋，經理人負有受託的責任。他總是一再說道：「經理人除了服務股東，還得服務顧客。事實上，經理人對人民大眾負有責任，即要確使其公司的行事符合最高準則，符合公眾利益。」

美國建國後一百多年間，一直透過明文立法，以類似亞什頓教授所宣傳的準則約束企業。那時候，州政府沒發執照給未能證明自己所為有助公眾利益的公司，而且會關掉未履行受託責任而違背承諾的任何公司。企業不得彼此購併，不得以其他方法取得壟斷地位。

但在後人所謂「強盜資本家的黃金時代」期間[A]，情況全然改觀。一八八六年美國聯邦最高法院的一則裁定，賦予企業等同個人所享的權利，卻不必承擔個人所要承受的責任，從此，心態和法律急遽改變。企業可以彼此買賣，可享有言論自由（包括刊登不實廣告的自由），不再負有為公眾利益服務的義務。

接著情勢再度反轉，效忠國家、為全民服務的價值觀再度　頭。經濟大蕭條、新政、第二次世界大戰，促使政府官員和企業高階主管再度施行反映這些價值觀的法律，重拾反映這些價值觀的態度。一九三三至一九八〇年間，負有受託責任的觀念，左右了許多企業高階主管、政府官員，以及亞什頓之類老師的倫理觀。

雷根當選總統、傅利曼的經濟理論得勢之後，此一趨勢嘎然而止。企業高階職員認定追求最大利潤是他們唯一的職責，於是，為獲取短期的獲利成長，幾乎不擇手段，絲毫不覺有何不對。

A 譯註：十九世紀後期。

急功近利的心態當道，使令人不安的新趨勢更為壯大。企業執行長開始自認為超級巨星。他們思忖，如果他們的唯一目標是賺錢，他們為何不該享有和運動英雄、搖滾明星一樣的報酬，為何不該和他們一樣要求分得較大比例的營收。執行長以美國橄欖球聯盟數百萬美元年薪的四分衛為榜樣，拿到比在公司基層衝鋒陷陣的員工高逾數百倍的天價薪水。

名為「愛爾蘭金融真相」（Finfacts Ireland）的一家愛爾蘭機構，利用美國勞聯暨產聯（AFL-CIO）、《商業週刊》、「團結追求公平經濟組織」（UFE, United for a Fair Economy）三者所編纂的資料，在二〇〇五年八月七日的《愛爾蘭金融真相商業新聞》（*Finfacts Ireland Business News*）中，刊出一篇〈高階主管薪酬和贏者全拿社會裡的不平等〉：

說到執行長與普通員工薪資的差距，最懸殊者莫過於美國。二〇〇〇年，美國前三百六十五大上市公司的執行長，平均收入是一千三百一十萬美元，也就是一般時薪員工薪水的五百三十一倍。一九八〇年時，相應比例只有四十二倍，一九九〇年是八十五倍。誠如某資料所寫：「二〇〇〇年，一名執行長一個工作天（一年有兩百六十個工作天）所賺的，比普通員工五十二個星期所賺的還要多。相對的，一九六五年時，執行長要工作兩星期才能賺到員工一年的收入。」據遊說團體UFE所說，從一九九〇到二〇〇三年，美國執行長的薪酬上漲了三一三％。相對的，標準普爾五百股票指數上漲了二四二％，企業獲利成長了一二八％。[1]

經理人不再根據公司的長期成長或公司在消費者意見調查中的評價，來評判自己的表現，反倒是根據能從市場或從購併、或所談成的其他短期交易中可榨得的薪水和紅利多寡，來評判他們的成就。他們從優秀軍人轉型為看誰出高價就替誰賣命的傭兵。

我的那些教授堅決認為，亞斯特（John Jacob Aster，房地產、毛皮）、卡內基（Andrew Carnegie，鐵路、鋼鐵）、佛拉格勒（Henry Flagler，鐵路、石油）、古爾德（Jay Gould，金融、鐵路）、杭亭頓（Collis P. Huntington，鐵路）、摩根（J. P. Morgan，金融）、史丹佛（Leland Stanford，鐵路）、洛克斐勒（John D. Rockefeller，石油）、凡德比（Cornelius Vanderbilt，鐵路）之類企業家，雖然對工業成長有所貢獻，未來卻會受到貶抑，而不會被當作英雄來崇拜。但在二〇〇九年，他們的幽靈似乎已重現人間。

但這些強盜資本家面臨一個大麻煩。他們的薪水、紅利、股票選擇權、豪奢的開銷——包括他們的私人機隊——並非像從神燈冒出的魔僕那樣憑空出現。那些東西得榨取自別的東西，而那別的東西就是成長，或者更精確地說，在許多情況下，就是成長的錯覺。

高階主管迅速擴張公司，漠視長期目標，而追求可讓股值和自己的薪水與紅利大漲的短期交易。邁入二十一世紀後，隨著時序推移，創造成長——乃至創造成長錯覺——的機會消失。市場迅即萎縮。

典型的供需曲線經濟模式告訴我們，供過於求時，價格會下降，直到需求增加，供需臻於平衡為止。經營跨國企業的高階主管改變策略；面對日益嚴重的供過於求難題，他們的因應之道不只是降價（傳統辦法），還有擴張市場，開闢新需求。他們向印度和拉丁美洲兜售其商品和服務。需求暴增。他們提高產量，然後得另外開闢市場（在非洲和中國）。

他們所賣的商品和服務，有許多純粹在迎合虛榮性消費，而非滿足讓貧人吃飽穿暖、清理受汙染的環境、或發現非石油能源的實質需要。亞什頓教授稱此為「小玩意的資本主義」（trinket capitalism）。他憂心我們的經濟已變成大大依賴銷售無人真正需要之物的經濟，憂心這樣的經濟最終難逃崩潰。那時是一九六〇年代末期。接下來幾十年，情況日益惡化。最後，全球各地市場趨於飽和。

超級巨星高階主管根據傅利曼的原則回應。他們並未開發反映真實需求的新產品，反倒決意去尋找能最快賺取更多利潤的方法。他們找到一個很有創意的辦法：擴大貨幣供給，提升消費者的購買力。他們發明新式信用卡，以拉高需求曲線。

個人和公司受鼓勵去借款，借以前絕對借不到的款。禁止高利率的法令遭中止；漸漸地，個人開支裡有高達三成五是以刷信用卡來預支。不久，就有數千人無法如期還款，然後是數百萬人。公司一家家破產。

除了設計出新的信貸方式，高階主管還想出新伎倆來誆騙大眾和紙老虎般的官方管理機構。安隆公司所創造的特殊目的機構（special-purpose entity, SPE），就是這其中最廣為宣傳的伎倆之一。

一九八〇年代我擔任能源公司執行長時，還有後來一九九〇年代擔任石威工程公司（Stone and Webster Engineering Company）顧問時，常與其他能源公司高階主管碰面。談正事之前，我們總是悠閒坐在董事會會議室裡，邊喝咖啡邊聊業界的八卦。聊著聊著，往往就聊到安隆。

「你相信他們剛在印度簽的那個合同？」總會有人問。

或者：「巴西那個工程你有什麼看法？」

我們個個都很驚奇，安隆有本事敲定那些「好得叫人難以相信」的超大型交易。安隆公司以外的人，沒人清楚該公司是怎麼辦到的。安隆的高階主管和顧問投來不可一世的微笑。經過逼問，可能會有個知道內情的人，洋洋得意大談「創造性融資」、「創新性管理」、「與布希家族（和其他權力掮客）的特殊關係」。

「我們是家獨一無二的公司，」安隆公司投資人關係部門的經理寶拉・里克（Paula Rieker），在我與會的一場會議上說道。「我們找到最優秀、最聰明絕頂的人，以獎勵措施鼓勵他們想出最漂亮、最無中生有的計畫。」

「無中生有」是重點。那家公司倒閉後，我們發覺它創造了一個假象。特殊目的機構看來有利可圖，因為它們是避稅的境外公司，以遠非正規市場所願承受的高價將資產在彼此間互賣。它們還同意匿名買賣與浮動匯率，以美化帳目，使公司虧損「不見於資產負債表上」。企業高階主管發布不實的財務報告，在公司大量虧損時宣揚獲利數十億的印象。

安隆於二〇〇一年十二月二日申請破產。執行長肯尼思・雷（Kenneth Lay）於二〇〇六年五月二十五日被判犯了十項證券詐欺和相關罪行。寶拉・里克在聯邦法庭上承認犯了刑事內線交易罪。

勤業會計（Arthur Andersen）——當時世界五大會計公司之一——加入安隆的騙局，甚至替安隆的騙局背書、推銷。因此在二〇〇二年，勤業會計遭吊銷營業執照。

安隆——勤業醜聞的危害，波及全球金融界。數十萬人失去工作，但高階主管仍向世人保證，他們念茲在茲於增進股東利益。布希政府和大部分國會議員不只對此事件佯裝不見，還繼續推銷「自由市場」觀念，打掉保護我們免遭這類詐騙傷害的種種管制規定。

我們受騙上當了。那些人拿到這麼大的權力，而我們因為受了他們的騙，任由其胡作非為。我們還配合他們，把他們的宣傳信以為真，認同「小玩意資本主義」，同意他們不需受約束。讓他們說服我們，賦予他們自由行事的方便將有利於我們所有人。然後，即使已經搞清楚狀況，我們仍繼續容忍他們，因為我們已被他們騙得團團轉。

他們欺騙我們，一如他們欺騙印尼、哥倫比亞、奈及利亞的人民。

他們抓住我們，把我們關在債務的牢籠中，而我們不敢挺身反抗。

作家愛默生在〈財富〉（Wealth）這篇散文中，最言簡意賅表達了這點：「負債之人是悲慘奴隸。」[2]

第六章　為債所役

經二〇〇六年民主大選當選厄瓜多總統的拉斐爾．科雷亞（Rafael Correa），擁有伊利諾大學的經濟學博士學位，求學期間熟悉傅利曼的經濟學學說，但在二〇〇八年聖誕節前，他發出驚人之語，公開宣布厄瓜多沒有義務償還國債。他表示，那些借款乃是非民選的軍事獨裁者所簽下，而那些獨裁者受到世界銀行、國際貨幣基金、美國中情局與經濟殺手的脅迫；因此，厄瓜多沒必要履行債務。

二〇〇八年十二月十三日，BBC報導：

> 總統拉斐爾．科雷亞表示，厄瓜多政府將不履行其認為「不合法」的數十億美元外債。
>
> 科雷亞先生說，他已下令勿支付星期一到期的債務利息，並稱國際放款機構是

「怪物」。

這位總統表示，厄瓜多百億外債中，有一部分是前政府非法欠下……

科雷亞先生在瓜亞基爾（Guayaquil）市講話時表示：「身為總統，我不能讓我們繼續償還顯然不道德、不合法的債……」[1]

《華盛頓郵報》則指出：

厄瓜多打算不還債，不是因為這個盛產石油的國家還不起債，而是因為它已做出不還債的政治決定。

自二〇〇六年競選總統以來，科雷亞一直揚言不履行債務，並把外國投資人妖魔化。最近，他還援引一份總統府委員會的報告，稱找到犯法的證據……[2]

科雷亞就職後不久，我與厄瓜多能源暨礦產部長阿爾貝托．阿科斯塔（Alberto Acosta）見面，當時他告訴我：「貸款給獨裁者的銀行，心知獨裁者會把錢用在有利於少數有錢人而危害大多數窮人的工程，因此，現今厄瓜多和其他許多地方的惡行壞事，有許多理當怪在這些銀行頭上。辦過真正民主的選舉之後，民選的官員必須挺身捍衛大多數人的利益。」

科雷亞喜歡離開總統府辦公室，到鄉村及城中的貧民窟與人民閒話家常。在做出前述驚人之舉前，他讀過《經濟殺手的告白》，而且也有經濟殺手上門找他疏通。他了解國家元首可能受到的壓力。他曾撰文推薦《經濟殺手的告白2：美利堅帝國陰謀》，稱此書「為尋找共存之新路徑而普世通用的新方法，做出重大貢獻」。而那些新路徑中，也包括砸碎債務奴役的枷鎖。

＊＊＊

那天傍晚我離開總統府，走進獨立廣場時，赤道太陽照在安地斯山上海拔兩千七百公尺的基多市。我朝始建於十六世紀的古老大教堂走去，突然想起一段往事。往日情景重現加上高山症，壓得我受不了，我在長椅上頹然坐下。一九六八年在厄瓜多當和平團義工的情景，一幕幕閃過我腦海。

那時候，厄瓜多的亞馬遜流域已發現大片石油蘊藏。德士古（Texaco）正與政府官員（特別是軍方）聯手，欲讓人民相信石油會使厄瓜多從黑暗時代晉升富國之林。我想起學生揮舞旗子，遊行經過這片廣場，旗子上寫著「石油歸人民」、「用石油收益餵飽快餓死的人」、「別讓美國佬帝國主義分子囚禁我們」。事後回想，他們那時似乎就預見了即將襲擊他們國家的那場災難。然後我的思緒跳到一年後。

「那是我們的石油，上帝賜給厄瓜多人民的禮物，」新當選總統的貝拉斯科·伊瓦拉（Velasco Ibarra），從昆卡（Cuenca）的市政大樓陽臺向群眾宣布。「我們必須用這份禮物，確保厄瓜多人民獲益。」

伊瓦拉的話呼應了那些學生的心聲，但惹惱了受美國中情局支持的厄瓜多軍方。一九七二年二月，這位總統遭政變推翻，由軍事執政團取而代之。之後，大筆貸款湧進基多；政府雇外國公司興建電廠、輸電線、公路、港口、機場、工業園區，亞馬遜流域及其油藏基本上成了抵押品。政府告訴人民，埋在他們叢林底下的「浩瀚石油」，用來償還所有貸款綽綽有餘。

最初，學生起來造反。他們知道債是禍害，於是走上街頭。有天下午，我站在昆卡某間房屋屋頂，觀看擲石頭的學生和全副武裝的警察在底下公園裡的激戰。看到瓦斯罐在學生臉上炸開，怵目驚心。隔天，我從報紙得知那名學生已身亡。反抗運動最後遭擊破。

經濟殺手曾在厄瓜多大顯身手。新獨裁者吉耶摩・羅德里格斯・拉拉（Guillermo Rodríguez Lara），開始讓厄瓜多揹上將在三十年後困擾科雷亞的那些債務。拉拉是經濟殺手心目中的理想統治者，在惡名昭彰的美國美洲學校就讀過，一心為美國中情局和美國石油公司服務。美洲學校設在巴拿馬運河區，旨在培訓右翼獨裁者和獨裁者的打手。他外號「小炸彈」（Bombita），他和他的接班人布爾巴諾（Alfredo Ernesto Poveda Burbano）海軍上將，執行同一路線將近十年，直到一九七九年止。他們的政策體現了杜里荷貼切界定為「掠奪性資本主義」的體制。

油價下跌，厄瓜多經濟隨之重挫。可想而知，金權統治集團已把這個國家牢牢抓在手掌心。接下來幾十年，厄瓜多不得不將石油賤價賣給外國公司，達成讓厄瓜多農民苦不堪言的香蕉及小蝦貿易協定，在聯合國投票支持美國的反古巴政策，讓美國在厄瓜多自然無瑕的海岸建造其最大的拉丁美洲軍事基地。

這些情況已令厄瓜多人苦不堪言，二〇〇〇年施行的一項政策，又雪上加霜。該年，厄瓜多受迫於國際貨幣基金，將官方貨幣由蘇克雷（sucre）改成美元。原只保有丁點蘇克雷幣儲蓄的人，因此政策而存款大幅縮水，整體損失無法計量。幣值由一九九八年的六千五百蘇克雷兌一美元，跌到二〇〇〇年（所有人得將蘇克雷兌換為美元時）的官方匯率兩萬五千蘇克雷兌一美元。數百萬中下層人民面臨餓死的危機；手中原值一美元的蘇克雷存款，一下子只值二十六美分。另一方面，在外國銀行開有美元帳戶的商人和外國企業，財產則在一夜之間暴漲將近四倍。據估計有三百萬人（將近厄瓜多人口三分之一）逃到國外，湧進歐、美境內的非法外勞市場。

還有一件事對厄瓜多的傷害，從長期來看，堪稱比貨幣更換更為嚴重：完全而徹底地破壞大片脆弱雨林，以及因此對世居雨林已數千年的原住民文化的衝擊。以救世主之姿來到厄瓜多的德士古石油公司，露出了真面目：摧殘了整個北亞馬遜地區。

最後，有人採取了司法行動。撰寫此書時，要求德士古賠償兩百七十億美元的集體訴訟案，正在厄瓜多法院等候判決。現歸雪佛龍公司所有的德士古，當時被控將大量廢棄物——比埃克森．瓦爾德斯（Exxon Valdez）公司所傾倒的還多出十七倍多的廢棄物——倒進雨林河川，摧毀了脆弱的亞馬遜生態，並使數百人死於非法的有毒廢棄物。這樁由三萬厄瓜多人提起的訴訟，乃是世界史上最大的一樁環境訴訟案。[3]

厄瓜多是個典型案例，但只是諸多案例之一。多年來，非民選的獨裁者藉著跨國企業、國際銀行和美國中情局的暗助，登上大位。伊朗國王巴勒維、印尼的蘇哈托、智利的皮諾契、尼加拉瓜的阿納斯塔西奧．蘇慕薩（Anastasio Somoza）、埃及的沙達特、安哥拉的喬納斯．薩溫比（Jonas Savimbi）、薩伊／剛果的莫布圖．塞塞．塞科（Mobutu Sese Seko）、沙烏地阿拉伯的紹德王室，只是其中部分例子。這些領袖所簽訂、讓國家債臺高築的協議，在擬定或認可時，國民並未與聞。

等到人民意識到傷害，這些罪魁禍首通常已帶著巨款潛逃出境，到邁阿密、法屬里維拉、摩洛哥或其他安全避難所，過著豪奢生活。但現在，國際貨幣基金及其附屬機構卻告訴那些國家的人民必須負責償還那些貸款。

「外交政策聚焦」（Foreign Policy in Focus）智庫最近刊出的一篇文章，說明了這些衝擊：

> 一如美國次級房貸爛攤子的許多受害者，厄瓜多人乃是掠奪性放款的標的。一九七〇年代，肆無忌憚的國際放款機構，幫助那些把大部分錢用在軍隊的厄瓜多獨裁者借了約三十億美元。國家轉為民主後，厄瓜多人民被迫承擔債務，收拾爛攤子。
>
> 幾年下來，這國家所還的債，加上高利息與違約金，已超過所借的本金。但經

過多次重訂還債計畫、兌換、再借錢，厄瓜多的債務現已增加到超過一百億美元。

人民付出的代價驚人。每送給國際債務人一美元，就代表可用來掃貧的經費少了一美元。二〇〇七年，厄瓜多政府還了十七．五億美元的債，超過它花在醫療保健、社會福利事業、環境、住宅與都市開發的經費總和。[4]

我在大學電影節時看過的一部老默片，描述了債務纏身的悲慘：

一個農民坐在自家破舊門廊上的桌子旁，妻子和漂亮女兒在他旁邊。他拿著筆，準備寫。有個銀行家守候在這一家人後面，色瞇瞇盯著他的女兒瞧。農民轉向妻子，露出詢問的神情。妻子投以全然無奈的表情。黑色銀幕上出現「我們沒有選擇」的字句。他低頭，在文件上簽下名字。

銀行家一把抓起文件，向縮在媽媽身後的女兒欠身致意。銀行家鬼鬼祟祟走開，眼鏡對著鏡頭，露出譏笑神情。字幕上寫道：「女孩已落入我手。他們絕對還不了錢。」

銀幕全黑。字幕出現「三個月後」。銀行家再度來到這個農場。那一家人就縮擠在屋門外。農民走上前，張開雙臂；鏡頭轉到乾裂荒涼的田地。農民跪下，絕望地絞扭雙手。銀行家抓住他的女兒，帶她下臺階。銀幕漸黑。

那是將近一個世紀前拍的警世電影。但全球各地仍有人繼續受威脅利誘，揹上更多債。令人心痛的是，遲至今日，仍有人得賣女還債。二〇〇八年八月八日，英格蘭的《信使報》（*Herald*）報導：「每年有約六十萬人被偷偷帶進歐洲，其中大部分人投入賣淫業。」[5]《紐約時報》接著報導：

據中情局的報告，每年有多達五萬名來自亞洲、拉丁美洲、東歐的婦女及小孩，以假身分被帶進美國，被迫從事賣淫、受虐勞工或僕人的工作。那是美國政府對此問題提出的第一份全面評估報告。[6]

許多婦女與小孩被負債的父母賣掉，而他們自己國家的經濟，已因為金權統治集團的政策而殘破不堪。

誠如金權統治集團知之甚明的，債是很有力的武器。從小所受的教育，使我們大部分人擔心被趕出房子、失去車子和退休金，擔心被烙上「破產」的羞辱。「欠債不還，你會完蛋。」我們受到如此的觀念灌輸。這些個人不僅成為金融機構的拒絕往來戶，國家也會對這類人多所約束。在這兩種情況下，以後要再借到錢很難，或者說要花極高代價。

二〇〇九年春，我與在紐約某飯店工作的喬．史蒂文森交談時，就明顯感受到債的威力。

「我的工會兄弟正擠進卡車，準備前往工會罷工現場當糾察隊。」他告訴我：「我抓起夾克，走出去準備加入他們的行列。就在這時，有個男子擋住我的去路。我見過他，但不大記得在哪見過。我開始發抖，但不清楚自己怎麼會那樣。『你的房子不是有很大一筆貸款？』那男子說：『想想如果沒了房子，你老婆還會守著你嗎？』我必須告訴你，我調頭，收起夾克，回去幹活。我不是英雄，禁不起那樣的風險。」

企業主早知道，債務纏身的工人，辭職或抗議前會三思而後行。鼓勵貸款的策略，使工會難以壯大。

雷根總統知道這點。一入主白宮，他即以總統職權全力支持資助他競選的反工會商界領袖。一九八一年夏，他要一萬兩千多名罷工的空中交通管制人員捲鋪蓋走路，摧毀了他們的工會。然後，雷根指派工會的死對頭，主持負責保障職工權利的聯邦機構。

華盛頓的普林斯普（Principor Communications）公關公司總裁約翰．喬登，二〇〇四年接受採訪時組織工會已有十年。他表示，雷根的行動「為美國企業之打擊勞工，大開了方便之門，使勞工重新陷入至今仍未擺脫的困境」。[7]

但雷根政府最有效的打擊勞工手段乃是債務。這位總統所提倡的法令，使借款者誤以為自己享受到低利貸款，其實正好相好：放款機構創造出汽球型還款（balloon payment）[A]、可調整利率的貸款、其他錯綜複雜的貸款組合，使消費者一頭霧水。總體利率調高，使那些有信用卡債、房屋淨值貸款的人愈來愈難償還貸款。這種事任何人都會碰上，不管收入高低。

「我以為自己一帆風順，」佛羅里達州棕櫚泉郡有位著名的精神科醫生告訴我：「我貸了一筆款，買了一棟一百五十萬美元的方子。幾年後，房子鑑價值兩百三十萬美元。我根據增加的價值，又貸了一筆，給自己買了艘船。一年後，房市崩盤。他們現在告訴我，我的房子只值我當初買時的一半。我的事業已經跨掉，打算申請破產，我大概什麼都保不住了。」

因經濟大蕭條而通過的那些法律，規定了利率上限，有效保護我們免遭黑白片中那些「邪惡銀行家」的剝削。但一九七八年聯邦最高法院就馬奎特國民銀行對奧瑪哈第一國民銀行（Marquette National Bank v. First of Omaha Service Corp）一案做出的裁決，使情況全面改觀。幾年後，雷根當政時，根據此一裁決撤銷了反高利法。一九八一年，花旗銀行率先調高信用卡利率，各家信用卡利率開始上升。接下來二十七年，這個上升趨勢持續不墜。民主黨或共和黨都未予以制止。到了二〇〇八年，銀行的信用卡債年息已高達三五％。其他放款機構收的利息又更高，非法賺取暴利。美聯社報導（二〇〇九年四月二日）：

> 發薪日貸款是利息極高的小額短期貸款，貸款者形同預支下一筆薪水來花用。貸款者通常到支票兌現機構或線上的同類機構，付一筆手續費，開一張該機構同意直到顧客發薪日才兌現的遠期支票，即可取得。利息通常相當於三位數的年息，四〇〇％左右，有時更高達兩倍。[8]

A 譯註：借款人於一段期間內付較小額利息，然後得一次還清大筆尾款。

美國人之執迷於放款和賺取較高利息的心態，已傷害了美國經濟的基本結構。美國已陷入龐大資金由製造業外流至金融業的困境。由於股票獲利下跌，放款獲利飆升，美國經濟由生產型驟轉為紙上作業型。購併、衍生性金融商品、避險基金這些行業得勢，汽車和鋼鐵等產業瓦解。

我們深信企業和官方放款機構本性良善。我們接納他們的建議，把能抵押的東西都拿去抵押借款，把退休金和其他儲蓄換成共同基金，看著我們的經濟突然崩潰，自己的存款一夕間化為烏有。事後回顧，似乎很難相信，我們竟讓金融界一些執行長和高階合夥人拿我們的龐大資金去下注，根據虛幻的獲利賺取數千萬美元的紅利，與此同時，我們往破產之路直直奔去。

拉斐爾．科雷亞身為資本主義經濟學家，又爬上大位，成為厄瓜多總統，這段歷練使他對這一切有獨到的了解。二〇〇九年六月二十五日，聯合國大會辯論該採用什麼新規則解決全球經濟危機時，他慷慨陳辭，呼籲改變。討論圍繞著以下提議打轉：提高對較窮國家的援助，強化對金融工具的控制，改革國際貨幣基金等多邊性機構。科雷亞則呼籲完全廢掉國際貨幣基金。他說：

想成為世界公民的我們，無法理解那些最終總是在踐踏與奴役窮人的騙局。我們如何理解所謂的全球化並不致力於創造世界公民，而只創造消費者？全球化致力於打造的並非全球社會，只是全球市場。[9]

厄瓜多總統所提及的那些騙局，乃是今日那幫強盜資本家所構想出來。他們大部分人的富裕，使舊時統治者、伊朗國王、沙烏地阿拉伯國王，都變得像是窮人。他們的故事的確不可思議。

第七章 現代的強盜資本家

隆記是美國新罕布夏州漢普頓海灘（Hampton Beach）村的餐廳，與亞什沃思飯店位在同一條街上。大學預備學校後的那年夏天，我就在那家飯店當服務生。

「這裡就是全世界都知道的下流地方，」我們坐在隆記餐廳可看到大西洋的餐桌旁時，查爾斯說。查爾斯在漢普頓海灘村土生土長，就讀於附近的新罕布夏大學，我出版《經濟殺手的告白》一書後不久，赴該校演講時和他結識。「這裡是我們本地的經濟殺手丹尼斯・科茲洛夫斯基（Dennis Kozlowski）跟情婦凱倫・李・馬尤（Karen Lee Mayo）廝混的地方。她是這家餐廳的女侍，已為人婦，丈夫是捕龍蝦為生的里奇・洛克（Riche Locke）。沒有人不認識她。」他吹了聲口哨，肯定她的美艷，由於聲音壓得很低，未惹得鄰桌客人皺眉。「真的是個美人，去當金貝辛格的替身都沒問題。」

年輕時我暗地希望發生什麼事，讓自己的家鄉州大出風頭。那時候如果提出如下的想法，大概會讓所有人笑掉大牙：一個聲名狼藉的大亨選擇死氣沉沉的新罕布夏州設置他財團的幾間工廠和他本人的辦公室，並在這裡搞一場會從通俗小報躍上《華爾街日報》及《財星》版面的風流韻事。

查爾斯遞給我二〇〇二年十二月《商業週刊》某篇文章的影印本，特別標出以下字句：

泰科國際公司的萊奧．丹尼斯．科茲洛夫斯基，其作為當代流氓執行長的形象，隨著時日推移，愈來愈鮮明。他那價值六千美元的浴簾和會噴出伏特加的米開朗基羅《大衛像》等比例複製品，短期間內不會有人忘記。在辦公室，科茲洛夫斯基的豪奢同樣出名。他是歷來最厲害的企業收購者，在他過動作風的顛峰時期，一年吃下兩百家公司，幾乎是一天一家。[1]

查爾斯說：「這篇文章漏提了伏特加是從大衛像的陰莖噴出，像撒尿一般。也沒提到那尊雕像是在薩丁尼亞島上凱倫．李的慶生會展示出來，那時她已是他老婆。」他靠回椅背，盯著窗外的大西洋，難過地搖了搖頭。「我問你：什麼樣的人會用尿出伏特加的雕像幫老婆的慶生會熱鬧一番，用的是藝術界最重要象徵之一的複製品，而且雕像的陰莖還加大加粗？」他看著我。「相形之下，十九世紀鍍金時代[A]那些強盜資本家還顯得天真無邪，你不覺得嗎？科茲洛夫斯基只是其中一個而已。還有一大票同樣糟糕、或甚至更糟糕的執行長。」

如今，科茲洛夫斯基已遭起訴兩組罪名，判決有罪，入監服刑。但有許多像他那樣的貪婪執行長還繼續逍遙法外，住在數百萬美元的豪宅裡，靠他們員工、顧客與大眾（你和我）的支持領取高薪。查爾斯要表達的，再清楚不過。今日大亨的貪婪和腐敗，已是他們的十九世紀前輩所望塵莫及。

科茲洛夫斯基的揮霍無度，象徵性說明了今日與鍍金時代（傑・庫克〔Jay Cooke〕、丹尼爾・德魯〔Daniel Drew〕、詹姆斯・費斯克〔James Fisk〕、亨利・克雷・佛里克〔Henry Clay Frick〕、J・P・摩根之類工業與金融鉅子呼風喚雨的時代）兩者間的類似之處。今日的執行長與他們相同，影響力足以左右地方及中央政府的決策，過著豪奢的生活，而且往往由他們經營的企業買單。據說科茲洛夫斯基那棟三千萬美元的紐約市寓所、六千美元的浴簾、那場慶生會兩百萬美元開銷的一半，都由泰科公司買單。發現我們自己被當今的強盜資本家，和有責任防止這類不當對待的政府機關矇騙到如此程度，著實叫人震驚。要美國人坦承自己見識不明，默默在助長這些對經濟與政治體制肆無忌憚的攻擊，並不容易。我們把腐敗的執行長捧上天，頌揚他們傲人的財富、豪宅、超大遊艇與豪華私人專機。我們把他們當英雄吹捧，並未譴責他們使資本主義失去創造潛力的病態作為。數十年來，我們授權這些人（幾乎全是男人），創造一個浪費無度、不顧後果，而且如我們現在所目睹，最終自我毀滅的體制。

或許，拿今日的企業大亨為例，最能說明我們已感染上且錯誤擁抱的突變種資本主義的本質：由少數人剝削多數人。有些企業高階主管利用員工和消費者來圖利自己，公然操縱國會，然後還厚顏吹噓此事，而我們卻頌揚他們。在如此失衡的經濟觀下，我們把五百大企業的執行長變得和鍍金時代大亨同樣有錢一事，當成「理所當然」，這全然是因為他們的行事有上市公司當掩護，而這些公司據稱受到證券交易委員會嚴格審查。我們得知投資銀行的獲利約有一半流入高階合夥人口袋，而非員工或股東之手時，未能挺身反對。即使已知有許多「億萬富翁」，例如伯納德·馬多夫、艾倫·史丹佛、華爾

A 譯註：美國南北戰爭後三十五年間的繁榮昌盛期。

街上與安隆之類公司裡的數百名高階主管，都是十足的騙子、外行冒充內行，即使已知這整個體制遭到操縱且十分腐敗，我們仍推崇這樣的人。

我們常因為現代強盜資本家捐錢給慈善和藝術活動，而把他們寡廉鮮恥的行徑合理化。但在這方面，他們同樣在效法一百多年前的模式。傑．庫克深深涉入一八七三年使加拿大總理約翰．麥唐納（John A. Macdonald）黯然下臺的金融醜聞，卻宣稱是虔誠基督教徒，曾捐出一成收入給慈善事業，協助建造聖公會教堂。丹尼爾．德魯靠操縱股價致富，且被認為是「攙水股」（watered stock）一詞的發明者；但他是虔誠的循道宗教徒，供養教堂，創建德魯神學院（今德魯大學一部分）。亨利．克雷．佛里克因蔑視道德的生活方式和無情的商場作風而遭抨擊，被現已停刊的《投資組合》（*Portfolio*）雜誌點名是「美國歷來最差勁的執行長」之一，但因為創立佛里克歐洲藝術收藏館─被譽為美國最好的藝術館之一──他至今仍受推崇。J．P．摩根在世時稱霸企業金融，主宰產業合併，居間促成數家公司於一八九二年合組成奇異公司，以及另外數家公司於一九〇一年合併成獨占性大企業「美國鋼鐵公司」。但他也在一八九五年經濟衰退期間募款資助焦頭爛額的美國財政部，且在一九〇七年的經濟恐慌時再度出手拯救經濟。摩根有多項慈善義舉，其中包括協助創立紐約市大都會博物館（他曾任該館總裁）、康乃狄克州哈特福德的華茲沃斯藝術館（Wadsworth Atheneum）。但這樣是否就可以合理化他為紐約、紐哈文（New Haven）、哈特福德鐵路帶來的金融弊病，以及使整個美國經濟從製造業轉而危險地偏重於金融業？

J．P．摩根開創了一條今日許多億萬富翁遵循的路線——購併、合併的路線。而購併、合併這類交易，讓主導它們的人斂聚錢財，卻使競爭者、員工和當地經濟遭殃。這些交易使某些人得以掌控資源和市場；爬上財團最高層的執行長有能力左右政府官員、媒體，以及購買趨勢。這些交易是紙上交易——在董事會會議室、律師事務所和投資銀行裡敲定——因此鮮少生出有形的商品或服務。而眾所皆知的，紙上交易在最近幾十年已扮演愈來愈吃重的角色。它們是掠奪性資本主義的主要成分，而這種資本主義已造成我們經濟崩潰。

史蒂芬．艾倫．史瓦茲曼（Stephen Allen Shwarzman）是摩根家族的直系後代，在許多方面這新一波強盜資本家都能以他為代表。他出生於第二次世界大戰剛結束時，比小布希晚一年自耶魯大學畢業，也都是耶魯祕密會社「骷髏會」（Skull and Bones society）的會員。接著他就讀哈佛商學院，三十一歲升任雷曼兄弟的經理，最後與人合創黑石集團（以購併為主要業務的私募股權投資基金公司），擔任該公司董事長。

二〇〇八年，史瓦茲曼年收入據估約有四億美元，資產淨值超過七十億美元。他絲毫無意隱藏自己生活的豪奢。二〇〇七年二月十三日，他在紐約市的古蹟「公園大街軍械庫」，以一貫的傲人排場慶祝六十歲大壽，與會來賓包括前國務卿鮑爾（Colin Powell）、紐約市長彭博（Michael Bloomberg）、樞機主教愛德華・埃根（Edward M. Egan）、SONY董事長暨執行長霍華德・史君格（Howard Stringer）、前《紐約客》主編提娜・布朗（Tina Brown）、前紐約州長喬治・帕塔基（George E. Pataki）、紐約證券交易集團執行長約翰・塞恩（John Thain）、房地產大亨川普夫婦、美國廣播公司（ABC）主播芭芭拉・華特斯。洛史都華與佩蒂拉貝爾（Patti LaBelle）的現場演唱，使那天的晚會達到最高潮。

《紐約時報》如此報導這場盛會：

> 這場慶生大會堪稱是史瓦茲曼先生的加冕典禮，他擁有數十億美金的身價，是活躍的共和黨金主，也是華盛頓甘迺迪中心的董事長，影響力深入金融圈、政治界與藝術界。[2]

除了擔任甘迺迪中心的董事長，史瓦茲曼還是耶魯大學管理學院的副教授。二〇〇八年三月十一日，他宣布捐款一億美元，用以擴建紐約市立圖書館（他也是該館的理事之一）。[3]

慈善義行的目的相當值得探究。身為幾家非營利組織的創始人和理事會成員，收受捐款時我得釐清來款是否正當，因為有些捐款人賴以發財致富的事業，與他們好意支持之組織的理念相牴觸。當然，慈善人士的真正動機我們無從得知，可能是為減輕自己的罪惡感，或是為欺世盜名，讓大眾以為他們天生悲天憫人，或是發自肺腑想做善事。但從純粹經濟學的角度來看，慈善行為沒有效率。積聚數十億美元的人，在聚財過程中造成他人失業、小企業關門、環境受摧殘，再捐出自己家產的一小部分，用以修補這些問題或資助藝術活動，如果把利潤降低一點，同時增加就業機會、支持小企業、堅持公司的經營要照顧到環境保護，那豈不是遠更造福世人。

以比爾蓋茲為例，就可說明此點。他與保羅．艾倫共同創立微軟，是微軟的執行長，生產出徹底改變人類社會的實質產品，理當為此得到肯定，但他的手法是讓不計其數的競爭者和新公司倒閉，使自己的產品幾近壟斷桌上型電腦軟體。在這個過程中，他積累了驚人財富，富可敵國。從一九九五年起，他蟬聯富比士全球富人排行榜的首富寶座十餘年。一九九九年，他的淨資產超過一千億美元，媒體封他為「千億富翁」。公司地位穩固後，他和妻子成立蓋茲夫婦基金會，是全世界最大的透明運作慈善基金會。這一慈善機構看來成效卓著，聚焦於被政府與非政府組織忽視的全球性問題。

身為慈善家，比爾蓋茲似乎是個高風亮節、道德無瑕之士。他家捐助的善款，到二〇〇八年已將近三百億美元。《時代》雜誌稱他是影響二十世紀最深的百人之一，且把他和妻子梅琳達、搖滾樂團U2的主唱波諾（Bono），同列二〇〇五年的「風雲人物」。比爾蓋茲被《執行長》（*Chief Exewtive Officers*）雜誌封為年度風雲執行長，二〇〇六年獲票選為「當世英雄榜」第八名。

但蓋茲夫婦基金會已因為將善款投注於某些公司而遭到嚴厲抨擊，因為該基金會申明要掃貧的第三世界國家，使它們陷入貧窮的凶手就是這些公司。他們包括拒絕以適當價格賣藥給開發中國家的製藥公司，以及嚴重造成汙染的多種企業。對於這些投資遭到外界譴責，該基金會的回應乃是在二〇〇七年發布其方針回顧，然後低調發布聲明，表示其投資組合乃是以最大獲利為判斷依據，無意評判企業的作為。

蓋茲年輕創辦微軟、擔任執行長時，就以擊垮競爭者的狠勁著稱。他和微軟已因為經營手法而在許多國家遭抨擊，而那些作為，最好的情況下是道德可議，最壞的則根本是非法。巴西等政府已因為微軟無情的商場作風，揚言抵制該公司產品。微軟創辦以來，遭到數百樁集體訴訟案和其他官司。在美國和歐盟，對微軟提起的反托辣斯訴訟案都勝訴，該公司遭指控壟斷、妨礙競爭、（在美國境內）違反謝曼反托辣斯法。歐盟對微軟課處的六億一千三百萬美元罰金，乃是歐盟商業管制史上最大一筆罰金。

在美國各地旅行時，我常聽到學生把比爾蓋茲稱作資本主義的典範。他們說：「我可以發財，然後捐出一部分錢做善事。」我回應他們：「何不經營一家透過日常業務全力改善社會與環境的公司？那更有效率得多，且結果更令人滿意。」

一如當年引領鐵路、鋼鐵及電器用品發展的強盜資本家，比爾蓋茲對科技有驚人貢獻。但一如他們，他也是拉大貧富差距的一大推手。如今，世界的整合比一百年前更密切得多（一部分拜他的產品之賜），在這樣的情況下，像他這類人的作為，影響也遠比過去來得深重。

勞倫斯·艾利森（Lawrence Ellison）是高科技界另一位領袖。他的甲骨文公司是目前世界上最大的商業軟體公司。熱愛航海的他，不吝炫耀財富。他的最先進賽艇參加過大部分大型帆船賽，包括「美洲杯」帆船賽；他與音樂及電影界大亨大衛·格芬（David Geffen）共同擁有的私人船隻，乃是世上最大、最豪華的私人船隻之一。他收藏稀世名車、飛機和房屋。他捐贈一億美元給某個慈善基金會時，得到媒體大力讚許；然而有人透露，該基金會是他自己的，這筆捐款乃是為解決因甲骨文股票交易引起的內線交易官司而進行的交易之一部分。後來，他又因承諾捐款一億一千五百萬美元給哈佛大學，事後卻食言而遭到譴責。[4]

艾利森的經商手法，幾乎從一開始就遭抨擊。他坦承曾發展出一種行銷與會計手法，過分誇大甲骨文的營業額和獲利。為避免破產，該公司曾資遣約一成員工，與不滿的股東提出的集體訴訟私下和解。

蓋茲和艾利森已是家喻戶曉的人物。但在企業高階主管和企管研究生眼中，最知名的人物或許莫過於傑克．威爾許。他曾任奇異的董事長和執行長，常被譽為今日睿智高階經理人的熠熠典範。他雖於二〇〇一年退休，我參加研討會時，與會者最常提及的企業領導統御典範卻是他。每次聽到，總叫我背脊發涼。在我眼中，威爾許是現代執行長作為掠奪性資本家的典型象徵。

一九七〇年代中期，紐約州和環保機關逼奇異清除該公司工廠傾倒進哈德遜河的劇毒多氯聯苯，時任奇異副總裁的威爾許強力抗爭。幾經周旋，最後官方同意奇異對多氯聯苯汙染一事，只需賠償三百萬美元。這一勝利助他升上該公司最高層，一九七九年升任副董事長，一九八一年當上該公司最年輕的執行長。在企業界強烈反對環境保護法令時，他展現了精明頑強的談判作風，使他一躍成為全國性知名人物。但鮮少有人提及的是，受害於流經住宅區之有毒河水最深者，包括了奇異的員工和家人。[5]

他在一九八〇年代無情地裁減員工，僅留下一棟棟的建築，因此有奇異員工替他取了綽號「中子彈傑克」。在自傳《*Jack*》（*Jack: Straight from the Gut*）中，他得意地表示奇異於一九八〇年底有約四十一萬名員工，到了一九八五年底，他已將其縮減到約只有二十九萬九千人。他因為將組織「精簡到恰到好處」而受肯定，但其實他使超過四分之一的員工失業，而他本人的紅利和資產淨值則巨幅成長。

一九九〇年代，威爾許將奇異的經營重心由製造轉移到金融服務，藉此將奇異「現代化」。此一策略乃是促成美國經濟不健康轉型（由有形生產轉為紙上交易）的主要推手之一。我在各種企業與企管研討會上告訴與會者：「推崇傑克．威爾許，就等於是肯定他造成我們當前環境危機與經濟危機的角色。」

（一九七〇年代中期的多氯聯苯汙染案，威爾許打敗了官方，但後來事態出現諷刺性的轉折，反成為他揮之不去的困擾。經過十六年的調查，美國環保署於二〇〇〇年宣布，哈德遜河清汙計畫將花掉奇異四億六千萬美元。[6]隔年，威爾許從奇異退休。）

最近幾十年美國第二出名的企業高階主管，乃是沃爾瑪百貨創辦人山姆・沃頓（Sam Walton）。有人推崇他徹底改變了零售業的經營方式。如今，沃爾瑪是世上擁有最多顧客的公司，世上銷售觸角最廣的公司，美國境內員工最多的公司，且是遭消費者權益保護人士、非官方環保組織、社區組織工作者、女權團體和勞工工會抨擊最厲害的公司。沃爾瑪遭指責的事項中，包括員工健康保險不周、將工作外包給外國勞動市場、蔑視工會、性別歧視、管理階層於全國性大選期間脅迫員工投票給特定政黨、想方設法讓不利於己的在地商家關門停業（這些商家若非加入將沃爾瑪趕出社區的運動，就是被沃爾瑪視為競爭者）。

一九八五至一九八八年，山姆・沃頓是美國首富。一九九二年去世時，他所打造的權勢家族讓人想起洛克斐勒所建造的權勢家族和歐亞皇族。他女兒愛麗絲、兒子吉姆與羅布森、媳婦克莉絲蒂（兒子約翰的遺孀），每一個人都常名列全球前二十大富人榜。他們的財產加起來，要排行第一幾乎是不用懷疑。

彭博或許是金權統治集團當前的代表人物。拿到哈佛大學企管碩士學位後，他進入索羅門兄弟公司（Salomon Brothers）當交易員，後來成為普通合夥人。離開該公司時，他用一千萬美元的離職金創立了財經資訊公司「彭博資訊」（Bloomberg LP）。彭博資訊逐漸擴展，下轄幾家新聞社、一家雜誌、有線電視臺、數家廣播電臺。二〇〇一年他選上紐約市長，二〇〇五年連任成功。他的淨資產據估計超過一百五十億美元，名列美國前十大富豪，據報導捐了約八億美元給慈善和藝文活動。他不領市長薪水，住在上東城區的自宅，而非市長官邸。他在英國和避稅天堂百慕達也擁有宅邸。政治圈裡常有人說他可能出馬角逐總統大位。

但彭博也有不為人知的一面，例如：平等就業機會委員會曾就女員工遭性騷擾對他的公司提起集體訴訟；員工指控他打擊工會；以及競選市長時，自掏腰包約一億五千萬美元作為競選經費，而使其對手大大居於劣勢。他是政商兩棲高階主管的典型，類似羅伯・魯賓（Robert Rubin）、漢克・鮑爾森（Hank Paulson）這兩位前財政部長的權勢人物。這類權勢人物遊走於商、政、銀行業之間，藉此，不管總體經濟受到什麼衝擊，自己都能得利。

掠奪性資本家多不勝數，其他值得一提的金權統治集團億萬富翁，還包括思科系統（Cisco Systems）的董事長暨執行長約翰・錢伯斯（John T. Chambers）；昇揚電腦（Sun Microsystems）的董事長史考特・麥尼利（Scott McNealy）；科氏工業集團（Koch Industries）的董事長暨執行長查爾斯・科克（Charles Koch），該集團擁有數家大石油廠和天然氣廠，是美國境內營收最高的民營公司；查爾斯．科克的弟弟暨該集團的共同所有人大衛．科克；戴爾電腦創辦人暨執行長麥可．戴爾（Michael Dell）；專門買下岌岌可危企業，再轉手賣出賺取高額利潤的隆納．佩雷曼（Ronald Perelman）。佩雷曼最惡名昭彰的買賣，包括以麥可．米爾肯（Michael Milken）的德崇證券（Drexel Burnham Lambert，現已消失的公司）所發行的七億美元垃圾債券融資，買下露華濃公司（Revlon Corporation）。

二〇〇八年，全美共有三百五十五位身價十億美元以上的億萬富翁（占全球億萬富翁的四五％）；他們的資產總和超過一兆美元。[7]他們大部分人有一個明顯的共通之處，即他們都未把當個負責任的社會公民一事，以及幫助讓他們得以躋身巨富的員工和消費者，列入自己的奮鬥目標。這些金權統治集團的成員在媒體上展現其慈善義舉，私底下卻不惜砸大錢雇請律師和說客，反制那些支持勞工、支持消費者、支持環保的規定，和任何會迫使這些大亨繳交該繳之稅的法令。

這些有錢有勢的人，絞盡腦汁規避應盡的義務。據美國國會審計局的統計，他們所擁有並經營的公司當中，有將近三分之二的公司有獲利且營收總和約達二．五兆美元，但是卻連一毛錢的所得稅都沒繳。[8]金權統治集團的遊說工作，對其成員個人來說可謂極為成功，但是對整體經濟而言則是個災難；企業繳稅占聯邦稅收的比例，由一九四三年的四〇%，降為二〇〇三年的七%。[9]

與富人相對的一端是窮人。據美國官方普查報告，有將近四千萬美國人生活在貧窮線以下。[10]將近四千六百萬美國人二〇〇七年沒有健康保險，而二〇〇八、二〇〇九年，由於經濟衰退，這數據肯定更高。[11]

極富與赤貧的差距，是只有少數美國人願意探討的問題，但卻是造成美國當前經濟危機的因素之一。我們在文學和電影裡嘲笑「香蕉共和國」，可嘆的是，我們可能是世上第一個不產香蕉的香蕉共和國。若檢視我們的經濟狀態——生產人民所需之實質產品的企業不足、貧富差距極大、天文數字的國債、多數人遭少數人剝削——看到的是和第三世界類似的景象。我們的整體生活水平或許較高，但從相對的角度來看，相似之處令人震驚。而且情況還逐年惡化。

就美國的財富分布來看：最富有的一成人，擁有將近九成的股票、債券、信託基金、股權，以及超過七成五的非住宅型不動產。據加州大學聖克魯茲分校社會學教授董霍夫（G. William Domhoff）的說法：「就掌控可產生收入的資產來說，金融財富是關鍵因素，因此可以說，一成的人擁有了美國。」[12]

極少數人不當支配了其他人這樣的結論，並不是很漂亮的結論，它並未反映出我們大部分人在看待我們自己或體制的想法上，受到的教育方式。誠如上述的富豪小傳所顯示的，這一小撮人控制了科技、關鍵能源、媒體、銀行和政府。理解到這些人對體制管理不善，致使我們所有人陷入當前所面臨的嚴重經濟衰退，也令人感到震驚。他們若雇請少一點律師，撥出更多錢給窮人——透過增加就業機會和由稅金支持的官方計畫——獲益反倒會更大，因為受惠者可能變成消費者。但掠奪性資本家顯然無法理解這最基本的經濟道理。

而我們一般民眾卻跟著他們亦步亦趨。我們崇拜他們的飛機、遊艇、豪宅，推崇他們的善行和高論，把自己的資源交給他們，選他們和他們的顧問當官。

必定有人會納悶，一個曾起身革命、反對英國貴族統治的國家，怎會讓自己淪落到這般境地。

根本來講，當今的「強盜資本家鍍金時代」始於能源部門解除管制之時，差不多就在我洗手不幹經濟殺手，選擇進入能源業的時候。

第八章 即將撤銷的管制

「我得為你蓋座火山，才能燒掉那堆東西，」一九八四年，有位專精於燃煤發電的工程師告訴我。那時我們一起站在美國賓夕凡尼亞州史克蘭頓（Scranton）郊外的舊煤礦場，轉頭瞧著堆積如山的無煙煤廢渣，那是幾年前當作不可燃廢渣棄置的尾料，屬於採煤過程的最後階段。

「那就幫我蓋座火山。」那時我是獨立電力系統公司（Independent Power Systems, Inc.）的執行長。鑑於能源部門的管制解除，我和一位工程師、一位出資一百萬美元當種子資金的房地產開發商，共同創立了該公司。

解除管制的第一步，頗為諷刺地，乃是端出新的管制規定。公用事業管制政策法（Public Utility Regulatory Policies Act）雖有管制之名，其實意在解除管制。由於能源危機重創工業化國家，美國國會於一九七八年通過該法。該法意在以（據認）會降低對進口石油的依賴、促進可再生替代能源的發展、使產業多元化、增加效率的方式，改變電力公司。

這個法案強制電力公司以「迴避成本」（avoided cost）向民間業者買電，藉此為非公用事業的能源生產業者開闢了市場。迴避成本指的是電力公司以一般原料（通常是石油或煤）發電所會承受的成本。幾家公用電力公司反彈，但聯邦最高法院表決支持該法。這些決定為獨立電力系統之類的公司，打開了營運大門。

我們的宗旨乃是開發對環境有益的發電廠，同時讓投資我們電廠者有小小的獲利。一九八〇年選舉後，我們就成立獨立電力系統公司，但直到一九八二年聯邦最高法院做出有利裁決後，我們才真正開張。

那位工程師搔了搔頭。「愛說笑。」

「我是說真的。」我拾起一塊黑煤渣。這東西被歸類為廢料，因此棄置成小山一般，使危險的有毒物質滲進土壤和水裡。我轉向他。「為我蓋一座不會造成酸雨的火山。」

他緩緩搖了搖頭，好似覺得我瘋了，但他和一隊工程師最後還是照做。他們利用愛爾蘭人用來燒牛糞的流體化床（fluidized bed）技術，設計了一座理論上會將煤渣轉化為電力的鍋爐。但當時純粹還在理論階段而已。

我身為執行長，又幹過經濟殺手，職責是籌錢。由於那是尚未證實可行的技術，籌錢十分困難。我在華爾街花了好幾個星期，夜不成眠，想說服赫赫有名的大型投資機構投資我們。

在我們工作的那幾個州裡，共有八十四家登記立案的民營電力公司是公用事業管制政策法所催生出來，最後存活的只有七家。但一九八〇年代末，我們已造出以燃煤——更精確地說，以煤渣——發電而不會產生酸雨的電廠，並開始運轉。那是世上最早的這類電廠之一。此外，我們未將多餘熱氣送進冷卻池或冷卻塔，而是輸進賓州境內全年培育花卉的水耕溫室裡。我們拿煤渣燒後的灰填補廢棄礦坑，並種植樹木以讓該地重現生機。

另外六家存活的公司，賣給大型工程集團，只有獨立電力系統公司保持獨立之身。我很想說這是歸功於我的苦幹實幹和管理長才；但我得承認，那些欠我這位前經濟殺手不少人情的上層人士，還是幫了我們大忙。[1]

當時的人認為，燃燒煤炭對環境最大的傷害是會產生酸雨；至於二氧化碳積累所可能帶來的危險則鮮少討論。事後回顧，這樣的疏忽令人震驚。如今我想起，那時候石油公司一心不讓溫室氣體的事曝光。獨立電力系統公司成功減少酸雨，被環保人士譽為一大突破。我們為這個產業設立了新標竿。美國眾議院提及我們，把我們視為美國創新發明與創業精神的範例，寫進《國會紀錄》。[2]

這整件事讓我對解除管制有深刻理解。就讀波士頓大學時，我的教授盛讚小羅斯福總統的管制政策，但當經濟殺手時，我身邊淨是主張減少管制的人。獨立電力系統公司的一炮而紅，使我相信我那些教授觀念錯誤。那時我覺得解除管制開啟了創新之門，為平凡百姓在更大的競爭舞臺一展身手提供了機會。

我太天真了。

那時，亞什蘭石油公司（Ashland Oil Company）的一家子公司，以全承包合同，承造我們的燒煤渣電廠。這種合同載明，電廠得在特定時間內，固定價格下，根據嚴格作業標準完成。動工之後，發現工程之難，超乎任何人預期。結果亞什蘭的這家子公司無法完成工程，其管理階層試圖毀約。所幸我們律師當初擬的合同很強，讓對方無洞可鑽。最後，該公司拆掉原鍋爐，改請德國公司建造新爐，工程花費超出預算將近三成。亞什蘭的執行長氣炸。

電廠終於上線運轉。不久，亞什蘭告知打算買下我們。那是他們彌補損失的唯一辦法。亞什蘭派了一名冷酷的律師來與我商談，兩名彪形大漢陪他同來，但未遞上名片。律師告訴我，我們如果不賣，他們會讓我們日子很難過。他並未具體說明會怎麼整我們，只以低沉單調的語氣說，打官司會拖很久。此時我想到電影《教父》裡令人難忘的一幕。有位好萊塢大亨不肯與柯列昂老大合作，結果早上醒來，發現旁邊躺著他心愛賽馬血淋淋的頭。

我們的律師保證，我們大概可以打贏官司，但在那之前，法院會勒令電廠停工，如此一來我們就沒有辦法發電，進而沒有收入還債。案子可能拖上幾個月，正如我想起血淋淋的馬頭時，亞什蘭的律師所說的。沒了賣電的收入，我們會被迫破產，什麼都沒有。

為債所縛。那樣的道理我懂。

那天晚上，我在沙灘上走了很久，想著嬌弱的七歲女兒潔西卡。隔天早上，我與合夥人見面，我們決定賣掉。我打電話給我的律師。

「我想也只能這麼辦，」他同意。「這些傢伙可狠的。」

幾天後，我與拿出一百萬種子資金的合夥人喬．科根（Joe Cogen）和他的個人律師坐在辦公室，等亞什蘭執行長來電。喬是個好鬥的南佛羅里達不動產開發商，身高約一米六，以一項作風聞名於當地營造工人：只要工程進度落後，他就會帶著球棒在建築工地現身，當著監工的面揮舞球棒，厲聲說道：「要是沒如期完工，我會剝了你的皮！」這時候的他則在辦公室裡踱步，偶爾怒目看著電話，忿忿不平抱怨，狠狠看我。我知道他準備幹架。

約十分鐘後，電話聲響。喬的律師按了擴音鍵。亞什蘭的執行長說了聲「喂」之後，沒有客套話，連「你好」這樣的問候都省了，直接就說出價錢。價錢低得離譜。

喬衝到電話旁。「太侮辱人了，」他大喊：「你乾脆把這整個臭工程丟進馬桶裡沖掉！」

電話裡沒聲音。那位執行長掛了我們電話。

喬氣鼓鼓走出辦公室，把門往後重重一甩。

我得承認我嚇死了。當時我四十四歲，認定若沒和亞什蘭達成協議，除了投入營造班替喬蓋公寓（營造班還未必肯要我），我會永遠找不到工作。但那時我只能坐著，靜觀其變。

不到一小時後，喬的律師接到亞什蘭公司的律師來電。這辦法奏效了，他們願意談。結果我們三個合夥人從這筆買賣賺了些錢。但我很失望，我原希望靠這個工程打造可長可久的事業，沒想到卻被迫失業。

獨立電力系統公司完成了公用事業管制政策法所表明的目標，但最終我們只是大石油公司的棋子。他們利用我們幫忙開發出新技術，然後把我們踢到一旁。我最終認知到，超出預算只是個藉口，他們從一開始就打算把那座電廠據為己有，他們的伎倆形同合法勒索。當時，其他開發商也有類似遭遇。

亞什蘭買走我們電廠兩個月後，喬．科根和我一同用餐。他談起年輕時看過的牛仔電影，說雷根演過其中兩部電影。他說：「那些電影有許多在講鎮上居民的悲慘遭遇，那些城鎮有的法紀蕩然，有的是警長成為惡霸大牧場主的腐敗傀儡。男主角總是騎著白馬進鎮，替鎮民伸張正義。」他放下叉子，盯著我瞧。「解除管制這個構想，似乎只是無法無天的遮羞布。雷根最後成了腐敗的警長，而非騎白馬的硬漢。」

無法無天的地方，凶狠的強者當老大。司法制度存在的主要目的之一，乃是保護無防身能力的弱者。不管是在當年美國西部的城鎮，或在今日的阿富汗，法紀蕩然（或沒有執法人員）等於是告訴人，強權必會勝過公理。我從慘痛教訓中體會到，解除管制並未開啟創新之門，也沒有替平凡百姓在更大的競爭舞臺一展身手提供機會。它只營造出那樣的印象，然後利用這個印象幫忙強者嚇唬弱者。

消費者是最終的輸家。結果是他們在許多州付出高許多的電價，卻又躲不過電力嚴重不足的麻煩，包括使許多小商家損失慘重的停電。有些市鎮不得不挪用教育、健保等社會計畫方面的經費，來為經營不下去的電力公司紓困。美國也開始自食惡果。

安隆騙局是人盡皆知的例子。另一個人盡皆知的例子是整個加州。二〇〇一年二月十二日的《國家》（*The Nation*）週刊，分析過民主黨籍州長格雷・戴維斯（Gray Davis）遭罷免下臺和加州電力公司醜聞後，總結道：

> 停電、限電、電價飛漲，決定了自去年春天以來加州政局的發展。它們已使「公用事業解除管制」成為人盡皆知的名詞……而且它們已協助製造了一場危機，而這場危機對經濟和生態的衝擊，將在新的世紀持續很長時間。[3]

從二〇〇〇年六月至二〇〇一年六月這一年間，用電量破天荒減少了十四%。州長戴維斯遭罷免，由共和黨籍的阿諾史瓦辛格接任。[4]加州經濟未再復原，全因為管制措施寬鬆或遭到冷凍，再加上執法人員也成了紙老虎。

總而言之，公用事業管制政策法大大造福了大型公用事業公司。這些原受管制而營業範圍只限於特定地區的獨占公司，規模變大，且成為不受管制的巨無霸控股公司的一部分。例如佛羅里達電光公司（Florida Power and Light）創造了佛羅里達電光集團作為其控股公司；它仍在原來的地域運作，此外還擁有緬因州的水力發電廠、加州與亞歷桑納州的太陽能電廠、美國二十一個州與加拿大境內的風力發電廠。杜克電力公司（Duke Power）重整成杜克能源公司（Duke Energy）；除了原來在北卡羅萊納州的廠，現在在加拿大和拉丁美洲也有自己的廠。巴爾的摩天然氣與電力公司創造了星座電力公司（Constellation Power），據該公司網站（二〇〇九年四月）所述，它是「主要的發電業者，有各司其職的多家電廠，分布在美國各地」，以及它在馬里蘭州原享有特許經營權的地區。

獨立電力系統公司讓我親身體會到解除管制的衝擊。從許多方面來說，公用事業管制政策法都是個敲門磚，接著就出現一連串將大蕭條時期所制定的規定推翻掉的法令，使突變種資本主義威力更強。

第九章 管制騙局

「有些產業得嚴加管理，否則會自我毀滅。」亞什頓教授在波士頓大學商學院的課堂上常如此告訴我們。除了希望我們成為有良心的高階經理人，他還希望我們謹記，不受限制的競爭不盡然是件好事。他說：「只要涉及到大量資本，過度競爭就可能招來禍殃。」

他最愛以鐵路當例子，說明過去的鐵路大亨如何一心要擺脫政府的干預，結果使整個鐵路業一團混亂。「他們互騙、互搶，也欺騙搶奪民眾，為了打贏以獨占為目標的瘋狂競爭，幾乎不擇手段，」他說，不屑地搖著頭，「鐵路因此運行不順或停擺。」

他擔心航空業正走上同樣的路。「如果不對航空公司嚴加管理，」他指出：「乃至如其他許多國家那樣由政府經營，如果任由一些航空公司爭奪航線，自行訂定票價，後果會很慘。」

亞什頓教授似乎預見到傅利曼的經濟理論會出頭，在傅利曼還未公開發表其主張之時，就已致力於反駁那些主張。傅利曼的著作受了米塞斯（Ludwig von Mises）和海耶克（Friedrich von Hayek）這兩位經濟學家的影響，而我知道亞什頓教授跟這兩人很熟。

米塞斯是二十世紀中葉最重要的經濟學家和社會哲學家之一，大力支持自由放任市場。海耶克則信仰自由市場資本主義。他與繆達爾（Gunnar Myrdal）共同獲得一九七四年的諾貝爾經濟學獎，而且和傅利曼一樣，對柴契爾夫人與雷根的政策制定有極大影響。有人問柴契爾哪個經濟理論影響她最深，她從公事包抽出海耶克的《自由憲章》（*The Constitution of Liberty*），高舉過頭，宣告「這是權威之作」。

福特總統鍥而不捨，一九七六年讓國會通過鐵路復興與管理改革法；卡特總統則遊說國會，在一九七八年通過航空業解除管制法，一九八〇年通過史泰格斯鐵路法（Staggers Rail Act）和汽車貨運法（Motor Carrier Act）。通過這些解除管制性質的法案，反轉了一八八〇年代末期開始的趨勢。每個法案都允許競爭者削價競爭，最終促使許多公司倒閉。

從自由派民主黨籍人士在這場解除管制熱潮中扮演的角色，可看到米塞斯、海耶克和傅利曼的影響。卡特總統受民主黨籍自由派經濟學家阿佛烈・卡恩（Alfred Kahn）的影響，轉而支持解除管制。卡恩被視為航空管理專家，最後卻被冠上「航空業解除管制之父」的封號。身為民用航空理事會會長，他為從人民航空（People Express）到東南航空等低票價航空公司的問世，打造了有利條件，然而他所主持的這個機構也在其督導下壽終正寢。

解除管制使數十家航空公司垮掉，包括人民航空、東南航空和環球航空。相關行業受到波及，跟著大量倒閉：提供機上食物的業者、旅行社、零件供應商、為這些已停業航空公司提供服務的其他業者，以及因機師、空服員、技師、行李搬運員失業而受波及的業者。在先前管制政策下曾風光一時的其他許多大型航空公司，則申請破產，包括達美航空、西北航空、聯合航空、全美航空、大陸航空。

二〇〇五年《石板》（*Slate*）雜誌上一篇〈航空公司為何破產〉的文章裡，丹尼爾・恩伯（Daniel Engber）寫道：

> 過去，聯邦理事會管制航空業的每個層面，包括票價和路線時，幾乎沒有航空公司破產。那時候，航空公司快要倒閉時，理事會也會出手相救。隨著一九七八年

美國航空業解除管制法通過，為新興競爭者的加入開了大門，那種政府監督政策也告終結……

航空公司倒閉似乎比其他產業更為頻繁，但在其他解除管制的產業裡，例如電訊業，最近幾年各家公司已走上類似的路……航空業解除管制後，飛機票價像大宗物資——有許多航空公司飛同樣路線，顧客自然會挑最便宜的搭。[1]

愈來愈多證據顯示解除管制有害商業，但仍有許多人支持此一政策。

「解除管制是時勢所趨，」緬恩公司總裁保羅．普里迪（Paul Priddy）與我們一群人用餐時說道。普里迪的「有限政府」觀，反映了緬恩前總裁傑克．道柏的觀念。「不受限制的商業，乃是我們對共產主義的回應。該是你們每個人，」他對房間裡所有人揮了揮手，「乘勢而起，有番作為的時候了！解除管制，解除管制，解除管制……」

緬恩之類的顧問公司在一九七〇和八〇年代期間大力提倡解除管制，布魯金斯協會、美國企業協會、華盛頓其他智庫亦然。當時如果固執堅守亞什頓教授這類人的理念，會被視為不愛國。

那時我心裡認為企業需要法律約束。普里迪說那番話時，我已經幹了七年經濟殺手；我知道腐敗猖獗，至少工作於第三世界的美國企業是如此。我覺得，在民主政體裡，為保護大多數人的利益，規範有其必要。真正民主的選舉，將使選出的掌權者都是支持法律保護我們，使民眾不受企業濫權與經濟動盪危害的人。企業意圖透過遊說或賄賂政治人物以放寬限制，進而使我們身陷險境的舉動，不符合大多數人的利益，因而本質上都是不民主的。我曾將此想法說與緬恩的一群合夥人同事聽。他們投來的表情強烈表明，我如果看重這份工作，就別表露這些想法。最後，現實利害和事業野心戰勝了我的良心。不過，金盆洗手的念頭已在此萌芽，成了幾年後促使我決心辭職不幹的因素之一。

國會陸續通過解除管制的法案。一九八二年的巴士管制改革法，解除了州際巴士所受的限制；一九八六年的水陸貨運業解除管制法，賦予貨運業者更多自由；一九八四年的遠洋航運法和一九九八年的遠洋航運改革法，放寬了對遠洋航運業者的管制。

我常想起早年受克勞汀訓練的事。她曾告訴我：「有件重要的事，你得不斷去做，那就是說服你工作所在國家的領袖，放寬對企業的管理法規。」那時我們走在國協大街（Commonwealth Avenue）中央的散步道上，是我們少數幾次步出她的公寓，大膽拋頭露面的時候。她用頭巾包住大半臉頰，身穿寬鬆的長外套，想藉此讓路上碰到的緬恩員工，以為她是來自佛蒙特州的邋遢大嬸。「讓他們知道，每次裁撤掉保護環境、向企業課稅或提高工資方面的法規，他們的荷包會更滿。」我們走過一名男子，那名男子坐在長椅上看《波士頓環球報》。「有人在替你的勁敵吶喊助陣，」她說，指著那份報紙，「我們不想見到『跨媒體所有權規定』（Cross Ownership Rule）散播到印尼和伊朗之類地方。」

她指的是最近要生效的一道法令，那道法令旨在使一九六〇年代就已開始的媒體所有權分散現象更為分散。這些法令的誕生，主要在因應電視與日俱增的影響力，並反制麥卡錫（Joseph McCarthy）參議員的「紅色恐怖」（Red Scare）聽證會對新聞媒體的負面衝擊。主張分散者，認為越多實體擁有媒體，美國民眾就越可能收到沒有偏見的訊息。一九六四年美國就已通過「地方電視多元所有權規定」。該法載明，不管在哪個市場裡，都不得有單一實體擁有兩家以上的電視臺，除非該市場裡的電視臺超過八家。一九七〇年的「電臺／電視跨媒體所有權規定」，禁止公司在同一市場裡兼營電視臺和廣播電臺。同樣的，一九七五年立法禁止兼營電視臺和報紙。

支持這些法令者，稱它們是新聞自由的當代基石。反對者則主張，不讓企業自由投入開放市場買賣新聞媒體，乃是違憲。每次聽到政治人物擁護後一個主張，我就想起克勞汀。她這個人從不虛偽，不會用冠冕堂皇的道理來包裝她的計謀。她希望企業掌控新聞媒體，純粹因為新聞媒體賦予企業影響力。

克勞汀一方獲勝。雷根當政時的解除管制，為媒體公司享有形同獨占式掌控的地位開了大門。老布希政府致力於廢除聯邦通信委員會奉為圭臬的「公平原則」，使廣播執照的擁有者毋須再以「正直、公正、平衡」的方式，呈現攸關公眾利益而具爭議性的問題。在一九八七年的梅里迪思對聯邦通信委員會（Meredith Corp. v. FCC）一案中，法院裁決聯邦通信委員會無權為「公平原則」制訂規章；同年，該原則廢除。一九九六年柯林頓當政時通過的電信法，促成一波購併潮，降低了競爭，使商業廣播電臺數目大減，使有線電視的平均收視費大漲。

媒體領域這波解除管制潮，使傳媒公司的數目遽減。誠如我在第三章裡提到的，一九八三年，美國境內絕大部分新聞媒體掌控在五十家企業手裡；到了二〇〇四年，這個數目減為六家：時代華納、擁有ABC的迪士尼、梅鐸的新聞公司、貝塔斯曼、Viacom（前CBS）、擁有NBC的奇異。

傳播業的解除管制，或許引發了最嚴重的社會爭議（這至少有一部分是因為媒體本身直接受到影響）。但從當前經濟危機的角度來看，傷害最大的衝擊，是來自銀行、金融和保險領域的改變。

當初，負責帶我們走出經濟大蕭條的官員，已認知到規範金融業者（管理我們錢財者）的法律有必要大幅改革。他們目睹了銀行恣意妄為的可怕後果，因此施行了一些管理法規，以避免重蹈覆轍。其中最重要的法規，乃是一九三三年的葛塞法案（Glass-Steagall Act），該法禁止單一公司同時從事投資銀行、商業銀行、保險公司的業務。政府還通過許多旨在維持經濟穩定的管理規定，以補強該法。

第二次世界大戰後，改革並未停止。鑑於銀行業有走向合併而降低競爭之虞，銀行控股公司法（Bank Holding Company Act）於一九五六年艾森豪當政時通過。該法載明銀行控股公司成立須由聯準會批准，該法並禁止設址於某州的銀行控股公司購買另一州的銀行，不准銀行參與跟銀行業無關的大部分活動。

「自由市場」熱潮的降臨，使此一過程逆轉。一九九四年的里格—尼爾州際銀行與分行效率法（Riegle-Neal Interstate Banking and Branching Efficiency Act），撤銷了銀行控股公司法的跨州限制；一九九九年的葛蘭——里奇——布利雷法（Gramm-Leach-Bliley Act），廢除了葛塞法案裡尚未遭廢除的規定。柯林頓的經濟團隊也跟雷根與老布希的政策沆瀣一氣。誠如湯姆．哈特曼（Thom Hartmann）在其新書《門檻》

（*Threshold*）裡所指出的：

柯林頓宣誓就任美國總統之前幾星期，高盛執行長羅伯・魯賓（Robert Rubin）和葛林斯潘（Alan Greenspan）上門找他。（這時魯賓剛從高盛拿到去年薪水四千萬美元，且不久後會成為柯林頓經濟團隊的負責人，負責帶領該團隊執行「新盟約」。）

魯賓與葛林斯潘所代表的理念認為，政府除了能解決戰爭和犯罪問題，在其他方面解決不了什麼問題……

他們告訴柯林頓，政府將為經濟體所取代，且經濟體大部分是由在政府控制範圍外行動的企業組成。錢（資本）將在世界任何地方自由流動，但人（勞力）的流動將繼續受到嚴格限制，以利在這個新世界市場的任何地區追求最大利潤。國家是可滿足人民需要的主權實體，這樣的觀念在他們眼中已是古怪而過時。他們認為，人（與國家）的存在是為了服務經濟力量，而非經濟力量的存在是為了服務人（與國家）。[2]（文中括弧全是原文即有。）

這些解除管制措施落實後，直接後果之一就是國內前幾大銀行買下其他銀行。先買下後合併，合併案一個接一個出現。最惡名昭彰的合併案，乃是花旗銀行與「旅行家集團」保險公司的聯姻，以及美洲銀行（BankAmerica Corp.）與國民銀行（Nations-Bank Corporation）合併為美國銀行（Bank of America）。美國銀行後來買下美國第七大銀行波士頓艦隊金融公司（FleetBoston Financial）和信用卡業巨人MBNA。若有葛塞法案擋關，這些合併案不可能出現。它們最終成為小布希與歐巴馬政府揮之不去的惡夢。

把公司賣給亞什蘭石油後，我與喬．科根一同用餐時，科根告訴我：「雷根躍下白馬，別上腐敗警長的徽章後，他打開監牢大門，放掉壞蛋和乞丐。他們穿外套打領帶，人模人樣，就像那位亞什蘭執行長，但別被外表騙了。他們只是一票沒有法律管住的竊賊。」

二〇〇九年看著報紙的頭條新聞和電視新聞報導時，我一再想起亞什頓教授。如果他仍在世，我可以想像他對於原用以保護我們的管理法遭廢除而使人民受到種種不公不義對待，不會感到太訝異。廢除那些法律，可想而知，已導致我們目前正承受的這場經濟海嘯。誠如我那位波士頓大學老教授常說的：「有些產業得嚴加管理，否則會自我毀滅。」

令人遺憾的，推動解除管制時，還伴隨著將做假帳合法化的趨向。我們那些大企業的高階主管，急於提升短期獲利，於是設計出一套將非常重要的真實成本略而不計的制度。

有位當紅音樂家的妻子，在地球上一處極原始、未受汙染的地方，親眼見到假帳後面的真相。

第十章　做假帳

前面提到三萬名厄瓜多人跟德士古打官司的事。這家現已被雪佛龍買下的公司，摧毀了大片雨林，其工廠的有毒廢棄物據稱奪走許多條人命，也使數千人長期不適。[1]

「真可怕，」剛從該地回來的楚迪．史戴勒（Trudie Styler），在餐桌上告訴我們幾個人。她和她丈夫史丁大力支持那些反抗石油公司的原住民。「我從沒見過這樣的景象。數大池的石油，存在那裡已超過三十年。鳥兒裹著一身油汙，小孩因飲用有毒的水而渾身傷痛、傷口化膿。那些小孩！那麼天真，人生就這麼毀了。」她明顯在顫抖。「每個禮拜都有人死掉……生活在厄瓜多最有經濟價值地區的人民，反倒成為國內最窮、最悲慘的人，何等諷刺。」

「而美國境內大部分消費者卻完全不知情，」獻身此案已超過十年的紐約律師史蒂夫．董齊格（Steven Donziger）補充道。

我們大部分人就如這句話所說的，不知道現今世界的大部分情勢，不知道我們的結算程序未能讓產品充分反映真實成本，著實可悲。要說明坐擁資源的人如何受到不恰當的補償，而消費資源的人又如何被收取完全未涵蓋真實成本的價格，石油是個很典型的例子。

除了用於清理環境的數十億美元，還得支付與這一悲劇密切相關的種種成本：受苦、奪走人命、家庭被毀、遭犧牲掉的實質經濟發展機會、永遠消失的動植物（有些動植物本來可能為治療癌症與多發性硬化症等疾病提供藥物）。

有天晚上，我和一群威斯康辛大學的學生圍桌用餐時，向他們描述了這個厄瓜多的案子。

主修會計的莎拉說：「這引來一個問題，即如果當初德士古被迫結算真實成本，而非我們現今全都在學的做不實結算，德士古會怎麼做。」

「外部成本，」另一位學生插話道。

「沒錯。」莎拉皺起眉頭。她看了在座所有人一眼。「合同是厄瓜多政府和德士古所簽。原住民未能與聞合同協商過程。」

我們所消費的商品和服務，在決定其價格時，有許多成本從未納入計算。那些成本被視為「外部成本」，包括破壞資源讓社會和環境付出的成本、汙染、受傷或生病而得不到什麼醫療照護的工人對社會的負擔；對於獲准行銷危險產品、將廢棄物倒入河流海洋、給員工的薪水低於基本生活工資、提供的工作環境不符標準、以低於市價的價格開採公有地的自然資源、得到官方補助和減稅優惠的公司，所間接給予的資助；大張旗鼓的廣告、遊說活動和靠納稅人繳稅支撐的複雜運輸與傳播體系；高階主管大漲的薪水、紅利、額外收入、可納入免課稅收入的優厚離職金。這些成本未直接衝擊交易雙方所簽的協議，因而遭到漠視，但其中許多成本嚴重衝擊被視為不相干或因弱勢而被認為不值一顧的第三者。

它們還促成當前的全球經濟危機。許多資源定價過低，因而遭恣意浪費和沒必要的消耗。我們未能更有效率地回收或利用它們，反倒繼續不顧後果地大肆鑽探、開採、提煉、製造。我在冰島時，最讓冰島人惱火的事情之一，乃是冰島政府提供給煉鋁廠的廉價電力，讓美國鋁業公司遲遲不願投資回收再利的工程。

厄瓜多與冰島的例子，讓我們進一步了解我們所擁抱的突變種資本主義已如何破壞我們的經濟。企業的唯一責任乃是獲取短期利潤這句箴言，已創造出一套虛假而不切實際的會計原則。

後人回顧這段歷史時，會怪罪我們將開採石油時毀掉森林、耗盡資源、其他數百項因被當作「外部成本」而輕易漠視的成本，留給他們承擔。因為償還這些成本的人，將是我們的下一代和下下一代。

支持這種不實會計者主張，除此之外別無他途，且這類成本無法計算。但那只是託辭。

「我們得估算這其中某些成本的價值，」莎拉坦承。「但會計人員一直在做這樣的事。我們的折舊會計制度乃是以估算出的預期壽命為依據。專利與商標的商譽及價值之類無形資產的『攤還』亦然。對於將外部成本量化，我們的確能找到一種合理的辦法，能為所有參與者提供公平競爭環境的辦法。即使在估算時有點差錯，仍比忽視這些成本來得好。」

莎拉和幾位志同道合的大學教師、合格執業會計師，共同致力於提倡完整成本結算（full cost accounting）——有時稱為真實成本結算。這類結算法，要求將每項商品和服務之成本與益處的相關資料和可能的替代方案納入考量，然後再決定是否要予以生產、行銷。替商品和服務定價時，應涵蓋以下成本：

1. 所有可見成本（不只當下的現金支出）
2. 隱藏成本（例如厄瓜多境內的亞馬遜雨林所蒙受的那些成本）
3. 固定成本與間接成本（包括研發、公關、管理階層薪水和紅利）
4. 過去與未來的成本（例如在剛果礦場裡工作，讓世人得以廉價取得製造手機與電腦所需之鈳鉭鐵礦，而在礦場裡悶死之礦工的家人供養費用；因在印尼血汗工廠的惡劣環境工作而需要的醫療保健費用）
5. 生命週期成本（某商品或服務因其存在和善後所帶來之環境與社會衝擊的成本）

令人意外的是若納入這些成本，全世界的人會過得更好。在完整成本結算體制下，以最有利於社會及環境的方式提供的商品和服務，無疑也將是最便宜的商品和服務。在真正的「自由市場」經濟裡，消費者要多付錢才能購買傷害經濟與社會的產品，其價格將包含修補這種傷害的成本。那些本質上「乾淨」的商品與服務，將也是最便宜的商品和服務。

許多企業只是口頭上支持三重盈虧結算線（triple bottom line，環境、社會、經濟三方面的盈虧結算）的理念，有些企業則真的引進以完整成本結算為宗旨的做法。後者使「這類成本可以計量」的主張，得到更有力的支持。往這方面努力的組織很多，以下只是那天晚上我與威斯康辛大學生聚會時，在餐桌上所提到的：

- 佛羅里達州聲稱用某版本的完整成本結算制，處理其固態廢料處理計畫。
- 都市生態學和工業生態學處理建築與地區規畫的方法，強調應將建築環境視為一個生態系，應將垃圾減到最少。
- 包括「自然步驟」（Natural Step）在內的幾個非營利性組織，與數百個商家合作，協助他們打造將生命週期成本涵蓋在內的結算手續。
- 「介面地毯公司」（Interface Carpet Company）可能是說明如何改變大企業經營策略的最著名案例。

介面地毯公司於一九七三年開始營運，當時是家普通的地毯製造商。一九九〇年代中期，董事長兼執行長雷・安德森（Ray Anderson）體驗到他所謂的「真締頓悟」，於是將公司經營策略轉為「著重在不犧牲營業目標下兼顧永續發展」的生產方式。安德森的著作《中途修正》（*Mid-Course Correction*），探討了他本人如何開始關心環境，並為「浪費性管理」提供一種普遍適用的替代辦法；這本書成為有心另闢蹊徑的學生和高階主管的權威性讀本。該公司網站聲明道：

當初孕育商業與工業主義的世界，與我們現今所生活的世界並不相同。那個世界裡，人較少，物質享受較缺乏，天然資源較豐富。從那個世界發展出來的，是個生產力高，只管取得、製造、丟棄，認為資源用之不盡而幾乎從未考慮到會有何影響的體制。如今，那個體制不再使我們更富裕，反倒正危及富裕。「介面」認知到自己是那個體制和整體問題的一部分後，開始往別的方向走，走向永續發展……

走上這條新路後，「介面」的營運得到不可思議的助益。誠如本公司創辦人暨董事長，帶領「介面」走上永續之路的領導人雷·安德森所說的：

「成本下降，而非提高，打破了一般人的錯誤想法，證明經濟與環境並非無法兼顧。生產出來的產品，品質之精，前所未見，因為永續掛帥的設計，提供了意想不到的創新泉源。人圍繞著更高的共同目標奮鬥而鬥志高昂，公司招募到較好的人才，最好的人才留下，懷著目標在工作，因為我們著重於永續發展而在市場上得到的商譽，遠超過投下任何廣告或行銷經費所能得到的。這家公司深信，它已找到獲取更大、更合法利潤的較好方法，一種較好的經營模式。」[2]

身為消費者，我們已習於告訴企業：「給我們最便宜又最好的網球鞋，我們就會對生活悲慘、年輕早逝、留下嗷嗷待哺小孩的血汗工廠工人，睜隻眼閉隻眼。賣給我們便宜的石油，如此一來我們看到河流受汙染、山林與沙漠被破壞的照片時，就會當作沒看到。」

當前的經濟危機，反映了我們不願「付出完整成本」的心態。就像我們一直以來都在平價大賣場購物，且還繼續這麼做。我們每樣東西都以一半的成本買到。不幸的是我們的下一代和下下一代，不只要付出完整成本來購買商品，還得連本帶利償還我們所逃避支付的成本。

有位仁兄對我們後代所面臨的困境知之甚詳，卻遭中情局指控為「恐怖分子」。他其實是高瞻遠矚之人，是在中美洲山區與拿槍戰士並肩作戰的革命分子。他也是一名天主教神父，如今在世上擁有舉足輕重的地位。

第十一章　雙重標準

米蓋爾・戴斯科托・布羅克曼（Miguel d'Escoto Brockmann）神父帶我參觀他位於尼加拉瓜馬納瓜（Managua）郊外的住宅。跟他聊著掛在他家牆上那些畫的原住民創作者時，很難想像這個謙卑而悲天憫人的人曾遭教宗譴責，曾跋涉過中美洲叢林向游擊戰士執行教士職務，曾在達尼耶爾・奧蒂加（Daniel Ortega）的政府裡擔任閣員，這時則即將出任全世界最有影響力的國際性政治組織的會議主席。

天主教新聞社報導：

二○○八年六月六日下午十二點五十三分（天主教新聞社）——遭停職的神父暨前桑定政權領袖米蓋爾・戴斯科托・布羅克曼，已獲推選主持將於今年九月召開的下一次聯合國大會。

戴斯科托自一九六一年迄今一直是馬利諾外方傳教會的神父，且在一九七五年參與尼加拉瓜的桑定民族解放陣線運動，最後成為尼國外交部長，直到一九九〇年才卸任。

他於一九八〇年代，連同參與桑定民族解放陣線革命的另兩位神父埃內斯托．卡德納爾（Ernesto Cardenal）、費南多．卡德納爾（Fernando Cardenal），一同遭梵蒂岡暫停神職。教宗若望保祿二世有次走訪中美洲時，以他所從事的政治活動公開譴責他。[1]

米蓋爾神父是《經濟殺手的告白》的書迷，得知我來尼加拉瓜時，邀我共進早餐。匆匆參觀過他的房子後，我們談到美國，談到現有許多國際組織常常說的是一回事，做的又是完全相反的另一回事。

「美國與開發銀行的虛偽，令人難以置信，」我們在他的餐室坐下時，他說：「雙重標準，典型的『照我說的做，不是照我做的做』。」

我們兩人都知道，美國財政部和國務院，與世界銀行和國際貨幣基金合作，宣稱欲幫第三世界國家脫離衰退，但實際結果正好相反。

「這是蓄意的，」他說：「藉由把國家推進更深的危機，這些機構營造出使那些國家更難抵禦企業剝削的環境。所有人都沒有注意到，那些措施也使全球經濟變得不穩定。」

只要檢視一下歐巴馬總統所組成的經濟團隊，就可了解此一情況。現任財政部長提摩西・蓋特納（Timothy Geithner）是前聯準會紐約分會的主席，白宮國家經濟委員會新任主席賴瑞・薩默斯（Larry Summers），是前世界銀行首席經濟學家，曾任柯林頓政府財政部長，現任歐巴馬高層經濟顧問的保羅・伏克爾（Paul Volcker）是前聯準會主席。多年前對開發中國家強制施行的雙重標準政策，主要設計者就包括了他們。

那些國家經濟出了問題而無法還債時，即被迫接受「結構調整方案」。根據這些方案，受援國必須大幅降低政府開支，提高利息（往往達三成或更高），將經濟部門私有化，將國家資產賣給跨國企業。

結構調整方案已遭到全球各地政治學家與社會學家的嚴厲抨擊，因為它們：

1. 將控制權轉移到外人之手，威脅到國家主權，破壞了民主程序；
2. 有利於最大金援國（特別是美國、歐盟、加拿大、日本）。私有化的部門最終落入這些國家的企業之手，而且這些國家的金融機構收取到高利；

3. 將原屬公部門的資源私有化；

4. 鼓勵外國企業遊說當地政府放寬環境與勞動方面的規定，給予逃稅漏洞，從而剝削工人，腐化當地官員；

5. 阻礙農業與土地改革，進而保護了權勢階層，使貧民窟變大，貧民變多；

6. 使危害環境的肥料與殺蟲劑使用量變多，使農民倚賴外國化學品公司；

7. 使國家經費轉用於償還利息，從而使衛生、教育等社會福利事業的經費變少；

8. 剝奪了在教育、衛生等社會福利事業方面提供主要勞動力的婦女的權利；

9. 使鄉村壯丁移到城市和其他國家，婦女與小孩隨之遭遺棄。

不過，最重要的批評乃是它們不管用，或者換個方式說，結構調整方案並未幫這些國家脫離經濟衰退，反倒使它們更加深陷危機。面對當前的經濟衰退，蓋特納、薩默斯、伏克爾等人（歐巴馬的經濟團隊）敦促美國採取的應對方案，正證明了此點，因為那和先前在第三世界強制施行的方案完全背道而馳：龐大的國家支出計畫、增加債務、降低利率、金援瀕危企業、（與私有化背道而馳的）將銀行與汽車製造公司等企業收歸國有。

米蓋爾神父家中牆上，有幅畫描繪一隻斑紋美洲豹從濃密的叢林樹葉後面往外窺視。我指向那幅畫，說道：「這個雙重標準現象存在已久。那就像我告訴你，碰到美洲豹的最佳自保之道乃是悄悄走上前，碰牠的鼻子；但等我自己陷入同樣的困境時，卻大嚷大叫，發出許多聲音，然後慢慢往後退。」

「沒錯。」他望著那幅畫思索。「正是。雙重標準。或者說……」他皺起眉頭。「你昭告世人，絕不會和推翻伊朗國王的『穆斯林恐怖分子』上談判桌，其實你正與他們商議提供武器一事。」他伸出一隻手放在我肩上。「你知道我在說什麼？」

「伊朗軍售醜聞。」

「沒錯。」他伸指碰了一下美洲豹的鼻子。「你知道的，雙重標準總是會反過頭來成為雙重標準者揮之不去的困擾。」他咧嘴而笑。「我們神父對此有親身的體會。」

二〇〇四年四月十六日，替代對策開發小組寫給世銀總裁詹姆斯．沃爾芬森（James Wolfensohn）的一封信，清楚說明了結構調整方案的負面衝擊。這封信進一步剖析名叫結構調整參與檢討行動（Structural Adjustment Participatory Review Initiative）的詳盡報告。該報告始於一九九六年，有許多國家的數千個組織參與，且包含世銀所寫的報告。這封信由該小組指導委員會的成員署名，而那些成員分別代表阿根廷、挪威、多明尼加、辛巴威、加拿大、孟加拉、迦納、匈牙利、菲律賓、美國、歐洲。信的開頭寫道：

> 沃爾芬森先生鈞鑑：
>
> 在此，我們要對貴機構已明顯看到這些政策的破壞性本質和衝擊時，仍繼續將這些政策強加在南歐與東歐國家一事，表示我們的沮喪與憤慨。過去十年，結構調整方案並未減少貧窮，反倒引發許多經濟危機，並使貧窮和經濟不平等增加……[2]

信中說的「許多經濟危機」對今日全球金融海嘯的貢獻，大得無法估量。厄瓜多只是現今無法履行債務的幾個國家之一。還有一些國家可能步上後塵。此外，同意施行結構調整方案的那些國家，其購買力受損，使消費性商品的全球市場大幅萎縮。私有化導致國家資源遭恣意揮霍，使石油等大宗物資的價格遽升。

隨著世人認識到美國和與其沆瀣一氣的金融機構，在明知其危害下，傷害了這麼多主權國家，美國的世界地位已遭到嚴重的長期性負面衝擊。隨著世人理解到美國的策略旨在剝削而非協助外國，提供資源者和消費資源者之間已出現令人不安的裂痕。這一政治分歧又對經濟危機的惡化，起了推波助瀾的作用。

那天早上喝著咖啡時，我告訴米蓋爾神父，早在一九七〇年代末期，就有一位美國陸軍將領預測到當前的經濟解體。或許令人感到諷刺的是，這位軍人在許多方面都與後來出任聯合國大會主席的米達爾站在對立面，若他當年奉派進入尼加拉瓜山區掃蕩游擊隊，大概已經殺掉米達爾。但這位將領也已看出，美國體制已從骨子裡出現毛病；他在三十年前預見到其結果，而為此憂心忡忡。

第十二章 軍事化，紙上經濟

外號「查克」的諾伯（"Chuck" Noble）是徹頭徹尾的軍人。他西點軍校畢業，拿到麻省理工學院的工程碩士，在越南當過美國陸軍工兵指揮部的指揮官。退役後進入緬恩公司，擔任專案經理。他在緬恩晉升快速，最後取代保羅・普里迪出任總裁。我曾以加入和平團的方式逃避兵役，諾伯將軍知道此事，但在公司仍很照顧我。我知道他很熟悉我在緬恩的工作資歷，認定我是個忠心的經濟殺手。

他身材修長，就（我所推測）六十出頭歲數的人來說，體格算是特別健壯。他換下軍服，改穿保守的深色西裝，但仍留軍人平頭，且幾乎處處反映他西點軍校的素養——唯獨有件事情例外。他穿黑色工兵靴，就像哈雷重機幫成員愛穿的那種鞋子。有時靴子擦得雪亮，但通常沾有泥土。最初這靴子令我困惑，覺得它們穿在他腳上太不搭調。了解他之後，我理解到他意在藉此標舉自己的與眾不同——他不只是一般將領，還是個不怕流血、膽子大的工兵。

他當緬恩公司專案經理初期所執行的任務中，有一件是監造龐大的格蘭德瀑布（Salto Grande）水力發電廠。這座電廠位在阿根廷與烏拉圭交界附近，建成後將發電將近兩千兆瓦，形成一大人工湖，並使一處有兩萬兩千居民的城鎮沒入水裡。工程進行到某個階段時，他安排我加入他的工作。

前往阿根廷途中，我了解到查克有多痛恨共產黨員和社會主義分子。他氣憤於美國兵敗越南，將此歸咎於美國人未能理解共黨的思維和他所謂美國人的「軟弱」。他決意透過緬恩散播民主，其實是推動私人企業。

我還從查克那兒學到別的：應該生產人民所需要的商品和服務。有天下午，我們一起走過布宜諾艾利斯的某個市場，他一再指著他稱為「廢物」的東西。然後他停下來，面朝著我，說道：「你知道嗎，我真的很擔心這些廢物會使我們完蛋。我們美國人正為世人樹立榜樣。我們的電影、電視和雜誌宣揚對現實世界的不實認知。我們現在置身阿根廷，身邊充斥那種認知。」他慢慢轉了一圈。「這東西根本是垃圾。我們那些公關把它行銷到全世界，但它根本不是由我們製造，是日本人製造，或印尼人製造。我們只是創造廣告！」

完成格蘭德瀑布發電案後，他返回美國，再幾個月後，他要我去找他。當時我在巴拿馬工作；我收到他的電報，要我出席在陸海軍俱樂部召開的會議。我飛到華盛頓，住進飯店。那天傍晚，我與他、另外兩名退役陸軍將領，以及一名退役海軍將領共進晚餐。

大家就座後，查克環視眾人。「我知道我們這次來這裡是為了談狄耶哥．加西亞軍事基地，以及在塞昔爾群島大潰敗的事，但首先，我想先談談我心裡的感慨。」

「說吧！」其中一位陸軍將領說。

「嗯，」查克繼續說道：「這跟我們在國內對自己做的事有關。艾克[1]是個了不起的將領，但他當總統時造出了『軍產複合體』（military-industrial complex）這個名詞，還成為討人厭的字眼。如今，各位老兄，這國家正漸漸失去其工業基礎。我擔心我們正漸漸成為紙上作業的國家。」

「律師，」那位將領插話。

「還有投資銀行業者，」那位海軍將領補充說。

「正是。」查克難過地搖了搖頭。「我預測不久後我們就不大生產東西，只會把一疊紙推來推去。願上帝幫幫我們。」

查克於一九七九年如此預測。如今，大家都可以看到，他的預測有很大部分應驗了。我們已成為紙上經濟體，難以抵禦律師和投資銀行業者恣意妄行的傷害。企業的購併交易，以及用遠期交易、選擇權、期貨、換匯交易和其他衍生性金融商品的方式推動紙上金融，是現今美國體制的很大一部分。二〇〇七年開始衰退的前夕，經濟臻於頂峰時，超過四成的美國獲利賺自金融部門（但那最終是「紙上」獲利）。[2]衍生性金融商品是個金融合同，而這個合同的價值高低，取決於（且衍生自）別的東西（例如大宗物資、股票、房貸、市場指數）的價值。衍生性金融商品的本質，與紙張所傳遞的信賴相牴觸。今日的紙上作業者鮮少用紙，都是用按鈕、透過電子作業完成交易，或許這正是這個時代的表徵。

查克對製造部門的憂心，甚有先見之明。創造廢物已使我們的經濟完蛋。身為傅利曼的追隨者，查克並未理解到，我們之執迷於追求最大獲利，乃是當前問題的禍首。以短期的盈虧來衡量成敗，就準備迎接災難降臨。例如，認為將奇異由製造業轉型為金融服務業是值得稱讚的事，或認為在日本——或今日在中國——低價買進，再於布宜諾艾利斯或明尼亞波利高價賣出，有利於國際收支平衡；這些想法都是只見近利，而未見遠禍。在這種心態下，只要有獲利，就不會在乎自己行銷的東西是沒人真正需要的東西，不會在乎自己正鼓勵中國加入亞什頓教授所謂「小玩意的資本主義」，不會在乎這對未來有何不利影響，不會在乎這過程中可能正在掏空自己國家經濟的基礎。

二〇〇二年十二月，《今日美國報》（*USA Today*）刊出〈美國製造業工作機會快速流失〉的文章，作者芭芭拉・哈根博（Barbara Hagenbaugh）在文中指出：

> 五十年前，三分之一的美國受雇者在工廠工作，製造從衣服到唇膏到汽車的所有東西。如今，全國一億三千一百萬工人，只有十分之一多一點，受雇於製造業……
>
> 製造業工作的減少趨勢，從二〇〇〇年[3]開始迅速加快。自那時迄今，已減少了一百九十多萬個工廠工作，約該部門勞動力的一成。

另一個趨勢也已浮現，而那個趨勢證實了艾森豪所提出，令查克大為不安的那個警告，關於軍產複合體的警告。二〇〇四年一月六日，英國的《獨立報》刊出安德魯・甘博（Andrew Gumbel）所寫的〈戰爭機器如何驅動美國經濟：軍事凱因斯主義可能使布希連任成功，但那開始令經濟學家憂心〉。文中有以下兩段：

這場戰爭已成為布希政府日益擴大預算赤字的主要藉口……

據經濟學家的說法，其結果就是催生出特別合共和黨人心意的變調凱因斯主義。這項政策並未使政府全面壯大——未能傾注資源於公共設施、健保、教育之類，將對亟需創造的就業機會產生立即連鎖反應的領域——反而將政策聚焦在顯然保守且對商業友善的選民區塊，也就是軍方，更具體地說，往往是共和黨大金主的軍火承包商。[4]

這篇文章接著寫道，二〇〇三年第三季期間，美國三．三%的GDP成長率中，有約六成是軍事開支所促成，而那些開支大部分「分給哈利波頓、貝泰等民間承包商」。據該文作者所說，美國國防部把一樁四十億美元的交易交給諾斯洛普．格魯曼（Northrop Grumman）公司，要該公司協助發展一項「星戰」飛彈防禦工程。

那篇文章讓我想起靠諾斯洛普．格魯曼、哈利波頓、貝泰之類公司過活的其他所有產業。那麼龐大的資金投入，讓許多相關企業雨露均霑，為許多轉承包商帶來下游利潤，圖利它們。但就我所知，這些公司都在生產「一旦用不著就可拋棄的東西」。它們的產品不是我們任何人真正需要的商品。它們存在的目的是殺人和迅速被淘汰。這類產品不是被毀於戰場就是外太空，再者，從這類科技沒有什麼附帶利益能嘉惠一般大眾。

很明顯的，這篇文章不提傅利曼，而重新提及凱因斯。這只是另一個騙人的伎倆，欲使大眾誤以為共和黨要揚棄他們自一九八〇年大選獲勝之後信奉的理論，還是傅利曼的信徒終於在自己的地基看到裂隙？

雖然投入大筆資金於軍事部門，美國於二〇〇八、二〇〇九年仍急遽墮入更深的衰退，製造部門失去的就業機會愈來愈多。二〇〇九年四月五日，美國國家公共廣播電臺（NPR）的深度新聞分析節目《週末週日版》（*Weekend Edition Sunday*），播出以下的對話：

> 主持人琳達・沃泰摩：星期五，勞動部宣布更為慘淡的消息。上個月又消失了六十六萬三千個工作機會。失業率隨之上揚到八・五%。這次衰退，那些在工廠工作的人受害特別大。自二〇〇七年十二月開始衰退起，已失去一百五十萬個製造業工作。在此我們請到國家公共廣播電臺的資深財經主編瑪麗琳・吉瓦克斯（Marilyn Geewax），跟大家談談我們國家製造業的狀況。首先，請你說說，製造

業的就業狀況是否存有危機？

瑪麗琳・吉瓦克：沒錯。工廠工作機會一直以驚人的速度在消失。過去十年，我們已失去將近五百萬個製造業工作，光是上個月就又失去了十六萬一千個。令人心驚的是，我們知道未來還會失去更多就業機會，因為歐巴馬政府打算裁減武器計畫的開支。那將特別使新英格蘭地區與國防有關的產業，失去數千個工作。[5]

上面所引的幾篇文章，相當有助於我們了解美國經濟和我們看待美國經濟的方式：

1. 二〇〇〇至二〇〇二年間，少掉一百九十多萬個工廠工作，約該部門勞動力的一成。
2. 在那期間小布希政府已開始投注巨資於軍火承包商。
3. 從二〇〇七年十二月至二〇〇九年五月，政府撥了數十億美元給軍火承包商，卻又另有一百五十萬個製造業工作流失。
4. 而國家公共廣播公司的資深財經主編擔心會再失去數千個工作，因為歐巴馬打算緊縮武器製造計畫。

我們理所當然要問，這一切代表什麼意思？這與艾森豪的預測有何關連？或與查克·諾伯的預測有何關連？

要找出這些問題的答案，不妨分析一下有關國防支出的部分資料。

國防部宣布二〇〇九年會計年度美國國防經費是五千一百五十四億美元。據該部所說，這相當於是「比二〇〇一年成長了將近七成四」。二〇〇九年六月，斯德哥爾摩國際和平研究所發布的調查報告斷言，美國國防部嚴重低估其預算將近一千億美元，美國的實際支出達六千零七十億美元。[6]兩個數目都極驚人（約略相當於世界其他國家國防預算的總和），但卻有所疏漏而不盡屬實，因為那只是掛在國防部名下的軍事預算（伊拉克、阿富汗戰爭的開銷未計在內）。

國防部五千一百五十四億美元預算（不管其是否屬實或少列了兩成），涵蓋了軍職與文職人員的薪資、訓練、健保經費、武器與設備的維修經費、平日的作業經費、購置新裝備的經費，[7]但未計入用於研發武器的數十億美元、能源部在製造與維護核子彈頭和反應爐方面的經費、中情局、國家安全局、聯邦調查局、國土安全部等其他機構「與國防有關之活動」的經費、退伍軍人事務與其他強制性計畫（大部分是軍人退伍和健保）的經費、過去戰爭所產生之債務的利息、伊拉克戰爭與阿富汗戰爭的開銷（這兩場戰爭的資金大部分透過非預算內的「增補經費」取得），或源自過去軍方的活動但尚未支付的開支。[8]

一旦把這些「未計入」範圍的所有品項全加入官方的國防預算，總開支即超過一兆美元，約是國防部所示數據的兩倍。[9]這也為政治人物的言行不一，提供了又一個範例。那些宣稱反對大政府、反對課稅、反對政府支出的政治人物，其實卻想方設法把前所未有的巨額政府經費，抽離衛生和教育等「攸關人民福利」的計畫，轉而塞入軍火承包商的口袋。

如今美國占了全球軍事開支約一半，而美國占全球GDP的比例還不到二三%。其他的國防預算大戶裡，至少有十二個被認為是美國的盟友。美國的國防開支是伊朗、北韓的七十二倍。[10]

二〇〇九年五月十二日，有機構更進一步揭開國防預算的真相：

五角大廈要求創紀錄的五百億美元黑預算

《航空週刊》報導，五角大廈正要求創紀錄的五百億美元經費，作為其祕密黑預算。這比去年的黑預算增加了三%。國防部的祕密活動預算，如今比英國、法國或日本的國防預算還要高。[11]

如此龐大的祕密撥款，對民主是一大諷刺。一個以「民有、民治、民享」自豪的國家，怎麼會把花用一筆如此龐大的納稅人的錢而不受納稅人監督，視為理所當然？

一九七九年在陸海軍俱樂部那場晚餐聚會期間，查克・諾伯問道：「一個國家完全不生產具實質價值的東西，你想會有何下場？」

第二次世界大戰和羅斯福的「新政」，同被視為帶領美國脫離大蕭條泥淖的功臣，而我們如果回顧那場戰爭，就會發現在那段期間我們發明並製造出有實質價值的東西。許多為戰爭而造的船舶、飛機、汽車，最終賣給民間企業或個人。噴射引擎商業化。汽車製造商利用技術上的突破，生產更便宜、更好的車子。農用設備產業亦然。無線通信、真空管、雷達、X光，以及開啟大眾媒體和電腦時代的其他科技，都有了長足的進步。合成橡膠不只徹底改變了輪胎製造，還徹底改變了工業的幾乎每個層面，並促成尼龍與一些新材料的問世。冷凍食品、加工食品和「速食」問市。盤尼西林只是全面改變醫療方式的眾多「神奇」藥物裡的第一項。這每一項新產品都是第二次世界大戰的副產品，而且每一項都助長了美國製造業，還有包括零售、服務、銀行、保險、農業、健保在內的其他產業。

第二次世界大戰激發創造和創業精神，提供了一股持續多年不墜的經濟助力。照理，九一一事件後，我們應該會捫心自問並詢問我們的領袖，要如何利用AK—47步槍、地對空飛彈和集束炸彈得到類似的成果。我們早該預見我們現今體認到的，即這些事物將把我們帶進可怕的衰退，同時又不會提供任何回報作為補償。

那天晚上在陸海軍俱樂部結束餐會時，查克．諾伯把座椅往後推，把一腿橫跨在另一腿上，　起腿上骯髒的黑色工兵靴，幾乎碰到白色桌巾。「有沒有想過我為什麼穿這個？」他問。

「誰不曉得，查克，」其中一位陸軍將領答道：「藏住你的醜腳。」

查克跟著大家大笑。「嗯，那是原因之一，但除了那個……」他停住，迅速掃視在座眾人。「我喜歡這樣思索歷史，類似這樣的靴子是某位工兵所發明。有最好靴子的軍隊打勝仗。」他停下來，放下他的腳。「那位工兵創造了一個全新的產業。在他之前，人常自己做鞋，粗糙涼鞋和莫卡辛鞋。在他之後，嗯，有了進步。但只有在軍方發明出人人都真正需要的東西時，才有進步可言。」

第二部

解方

第十三章 改變資本主義的目標

「柏金斯先生……你是企業界最夢寐以求的人，是替企業塗脂抹粉、營造表面環保形象的最高明代言人。」男子站在丹佛的雷吉斯大學禮堂後面，對我揮舞拳頭，禮堂裡座無虛席。他引起眾人的注意，他也知道這點。「我們要廢掉企業。」

這個主張並不新：這個體制完蛋了，修不好，不要再替資本主義道歉。把它拆掉，從頭來過。

我隔著黑壓壓的觀眾席人頭，盯著他瞧。「可否請問你多大歲數？」

那名男子久久才回答：「這麼說吧，跟你同一代。」

「你真的認為你可以一輩子不需要企業？」

我承認不無可能找到更好的體制，但我也不認為資本主義會在短期間內瓦解，不認為它應該瓦解。事實證明資本主義對於將人類創意化為有用之物，貢獻很大。

我告訴聽眾，我有個一歲大的孫子，希望有生之年能看到我們為他呈現一個更美好的世界。現行的資本主義——我們所擁抱的突變種資本主義——已變得十分危險。我們因此該改變它，改造它，但不是廢掉它。新式資本主義的運作目標會更悲天憫人，不再不顧環境與社會成本只追求最大獲利，而是在創造永續、公平、和平之世界的條件下獲利。

我聽到不少混淆不清的說法，而我認為那肇因於對資本主義這個詞的誤解。何謂資本主義？

「資本主義是一種經濟體制，在此體制內，民間個人和公司行號透過複雜的價格與市場網絡，從事商品與服務的生產、交換……」——Encarta[1]

一如我看過的其他每則定義，這則定義並未指出：資本家必然掠奪資源，在結算時必然略去「外部成本」。然而這則定義也沒有間接表示：獲利應是唯一動機，去除管制是必要條件，必須讓民眾與國家債務纏身，政府不該提供水、電、健康保險之類基本服務，或多數人必須遭剝削以造福少數人。

簡短回顧歷史，可看出資本主義的靈活可變，同時也讓我們有理由對資本主義能否有效處理當前危機感到樂觀。

現代資本主義源自十六至十八世紀的重商主義，那時，歐洲的貿易公司派船前往全球各地擴張地盤，購買可轉手獲利的商品。英屬、荷屬東印度公司之類的組織，透過特許狀取得獨占經營權。它們變得極有權勢，有權募集軍隊、商定條約，甚至強行制定法令。統治者把這些公司視為覓得財源的工具。它們的行事受到以下信念所驅使：堅信應對國家盡責，應將「異教徒」轉化為基督徒，應將他們的特殊文明理念傳播到世界各地。企業獲利為崇高目標的實現提供了資金。

工業革命挑戰了重商主義的基礎。十八世紀中葉，受亞當斯密的啟發，重商主義不再認定全球的財富是一個常數，不再認為一國只有在犧牲他國下才能更趨富裕，轉而認為可以透過製造過程創造出額外的財富。亞當斯密及其同時代人闡述自由市場的好處，認為自由市場是確保工業化之後獲致最大利益的最有效率方法。他的經典著作《國富論》強調會有隻「看不見的手」引導自由市場，生產出合適數量與種類的商品和服務。但亞當斯密也提醒要防範為達目的不擇手段的生意人，要提防壟斷的危險。在其《道德情操論》（*Theory of Moral Sentiments*）中，他推崇同情心。獲利是為了替可以滿足所有人基本需求的公正社會提供資金。

理論是這樣，實際情況大不相同。十九世紀期間，工廠和提供工廠原物料的礦場數目增加，代表某種人類剝削方式的開始。婦女、小孩在惡劣環境下長時間從事一成不變而往往危險的工作，老闆則在豪宅享受悠哉生活——如此情景乃是這種剝削的典型象徵。亞當斯密「看不見的手」，為達爾文的「適者生存」所取代。強盜資本家用盡方法來摧毀競爭者，但在美國，他們認定自己是「天定命運」（manifest destiny）的代理人。「天定命運」這一狂妄觀念認為，征服大自然和美國不斷擴張領土是上天命定，天經地義。上帝下令毀滅印第安人、森林、水牛和其他物種，下令擴建鐵公路、開採礦物、排乾沼澤地、鬮築水道引導河水、發展以剝削勞力和自然資源為基礎的經濟。歐美的強盜資本家只是在執行上帝的想法。

這類濫行激發出新式哲學家。馬克思及其追隨者聲稱資本主義天生帶有瑕疵，於是主張以資產共有和國家掌控生產工具為基礎，建立無階級的社會經濟結構。第二次世界大戰後，共產社會欲打贏其與資本主義的「冷戰」，結果冷戰往往變成熱戰；最後，冷戰的成本把最大的權力送給共產主義的最強勁對手（例如雷根），最終促成蘇聯的瓦解。

社會主義理念在一九三〇年代的盛行，使勞工得以在美國境內組成工會。工會逼工廠和礦場改善工作環境，增加工資，提供健康保險和退休福利。經濟史家常以此為例，說明資本主義有能力調整自己，因應觀念的改變。工業界巨頭最初反對工會的要求，甚至動用暴力，但最後，工人生活的改善和他們得以成為消費者，促進了經濟成長。藉由接受社會主義作家、藝術家、工會組織者所倡導的部分理念，工人和老闆同樣獲益。

製造與採礦部門的擴張需要龐大資金，因此，這兩項產業的老闆愈來愈倚賴金融資本家，且與他們搭起密切關係。二十世紀期間，提供資金者（投資銀行業者和證券經紀商）勢力日益壯大。在新政和二次大戰期間，實業家和金融資本家聯手協助世界擺脫大蕭條，打贏戰爭，把美國打造成首屈一指的地緣政治強權。

企業家和高階主管受了他們戰時成就的啟發；新興科技點燃了新一代人的想像力，他們看出可藉由將科技突破應用於日常生活以發達致富。一如亞什頓教授，大部分人深信自己對股東和所屬公司的長期效能，負有受託的責任。他們將實驗室的實驗轉化為電視、電腦、手機、新式食物、更有效率的電器用品、藥物。同時，重點是放在穩定的成長。

但資本主義再度變身。掌控華爾街的那些人，慢慢取代金權統治集團裡的工業鉅子；他們贊成經營就是為了獲利，一翻兩瞪眼的獲利。由於科技業與資訊業的問世，情勢顯示光有過人天賦而沒有錢，成不了什麼大事。蘋果、美國線上、亞馬遜、Google之類的公司，倚賴才華與融資的共同加持。合併、接收、買下公司股權成為常態，且一向是華爾街在操縱。金融工具（紙上交易）取代製造品，成為經濟的首要推手；由空降高階主管經營的大財團，擠掉了數十年來由在責任教育下長大的執行長治理的公司。

綜觀資本主義的歷史，它已發展出多種形式。它就像變色龍，能因應環境改變。但當前的華爾街模式卻是極不尋常的模式，它於一九八〇年美國總統大選卡特輸給雷根之後成為主流。四百多年來，資本主義的目標首度被界定為只為追求最大獲利。凡是欲控制企業高階主管的舉動，都被視為阻礙進步之舉。

聽到別人像在雷吉斯大學禮堂後面的男子那樣，痛罵資本主義已經完蛋而要求廢掉企業時，我知道他們是從此一狹窄的背景來理解資本主義。聽到他們呼籲創造全新的體制時，我不由得思索蘇聯與北韓的失敗。

要解決我們的問題，不是丟掉已破損的體制，而是把它修好。幾百年來，資本主義在回應時代的需求上一直非常成功。它已使貧瘠的土地變得有生產力，掃除了瘟疫，把人送上月球，促成科學、技術、醫學、工程與藝術上無以計數的突破。如今，有必要重新界定其目標。這個新目標不再是「不顧社會與環境成本，追求最大獲利」，而可以說成是「在創造永續、公平、和平之世界的條件下，創造利潤」。

這種調整已在進行。「企業社會責任」一語，從十多年前開始，成為企業董事會辦公室裡的警語。現今每家大企業都至少在口頭上表示支持「三重盈虧結算線」的觀念（除了達成財務目標，還要達成社會與環境目標），且有許多大企業積極將它納為企業文化的一部分。一股浪潮正席捲全球商業界。

中國提供了一個活生生的研究案例。整個中國是個實驗室。毛澤東一如雷吉斯大學禮堂那位男子所主張的，想廢掉資本主義，結果失敗，還付出慘重代價。另一方面，後毛澤東時代的中國擁抱資本主義，或者擁抱鄧小平所說的「具社會主義特色的市場經濟」，結果成就斐然。今日的中國為如何修正資本主義提供了深邃的洞見，也為不該做的事提供了警惕。或許最了解這點的人，莫過於我在撰寫此書時，與我在上海一起廝混的那群MBA學生。

第十四章 中國：轉型的教訓

一九七〇年代幹經濟殺手時，我有幾次站在香港郊外新界地區的山丘上，眺望中國這個我不得進入的神祕國度。當時中國與古巴、北越、北韓，同為美國公民的禁區；中國深鎖在一堵祕密圍牆之後。我們大部分美國人只知道，由於毛澤東文化大革命的摧殘，中國破敗蕭條。

二〇〇九年六月，我終於有機會踏上中國。飛機降落上海時，我隔著窗戶看著從數十個國家飛來的噴射客機，想起自我當經濟殺手以來的種種改變。中國經濟以前所未有的、超過一〇%的年平均成長率，成長了三分之一世紀。令人難以置信的是，以購買力評價（purchasing power parity）來計算，中國這時的經濟實力已高居世界第二，僅次於美國；以名目GDP來算，則高居第三，次於美國和日本。我看過這些統計數據，但還沒有做好心理準備面對這些數據背後的真實情況。

進入上海機場，就像從飛機走進一艘龐大的鋼骨——玻璃太空船，遼闊得讓人有超現實之感。我站在那兒片刻，四處張望，那地方的壯闊堂皇，讓我瞠目結舌。

第一次到亞洲時所見的情景，猛然掠過腦海：一九七一年的印尼，尼克森打開中國大門的前一年。當時美國就要輸掉越戰，而我們一如克勞汀所強調的，擔心該地區其他地方會像骨牌般一張張倒下，落入共黨之手。那趟走訪之後，我又去了數十次，提出多份報告，脅迫雅加達政府接受巨額貸款以建造基礎設施。我所提出的經濟成長預測都是瞎編，是為了讓印尼領導人欠下最終會使他們國家破產的債務時，可以據此說服人民相信這些投資會帶來漂亮的經濟成長作為回報。我們每個人都知道那是個騙局，最終意圖在使印尼揹負甩脫不掉的債，而不得不投入我們的勢力範圍，不致被中國拐去。那時沒有人相信會有國家能以兩位數的經濟成長率持續兩年以上，更不相信可持續十年。

不久之後，中國完成這件不可能的事。然後又持續十年，再持續十年。中國的經濟據估計在極短時間內成長為十倍大。地球上人口最多的國家，在三十年內由貧窮的底層躋身為人類意志——與資本主義——所能完成的成就之象徵。

出了入境大廳，我遇見一名拿著標牌的男子，標牌上印有我的名字。我原以為會碰上保安人員之類的彪形大漢，但那人完全相反：身材矮小，害羞，比較像是個書呆子或終日與電腦為伍的怪胎，而不像政府代表。他帶我出去，經過看來像是另一艘銀河太空船的機場飯店，上車。一輛別克！為中國設計的。然後我們疾駛上十線道高速公路，公路兩旁林立著萊雅（L'Oréal）、艾維斯租車（Avis）、理光（Ricoh）、豐田（Toyota）的廣告看板和樹木。

我們美國人似乎一勁把目光放在中國不好的一面。例如不斷有人指出中國的溫室氣體排放量最近超越了我們（通常略而不提我們的人均排放量是中國的五倍）。駛往位在現代化浦東地區的下榻飯店途中，我當然察覺到據我推斷是工業城市煙霧的低籠薄霧，但最令我震驚的乃是與此大相逕庭的東西：蔥蘢的綠樹。數十種樹，分布於各處，有高，有矮，有落葉樹，有針葉樹，有些樹色彩繽紛，開著紅色、粉紅色、白色與黃色的花朵。將出城與入城交通隔開的寬闊中央分隔帶由樹木覆蓋著，高速公路兩側同樣林立著樹木，一直延伸到視力所及之處。許多樹很高大，似乎都長得很健康，若非天生適合當地環境，就是得到悉心照料。它們顯然是人工栽植，布局讓人想起凡爾賽宮規則的幾何圖形園林。除了營造出連綿不斷的賞心悅目環境，它們還有一個功用：除去空氣中的二氧化碳。對於中國潔淨其環境的決心，這是我第一個粗淺的認識。我想和司機討論此事，發現他的英語只限於在機場時的那幾個寒暄語。我決定一有機會，就找人討教此事。

「沒錯，」中歐國際工商學院的MBA學生曼迪·張回答。我就是應這所學校之邀來到上海，在全球企業社會責任大會發表演說。第一天晚上，在我下榻飯店附近的某間餐廳，她作東請客。「我們都很清楚經濟發展所造成的汙染，我們年輕人特別想扭轉這個局面。植樹只是這個計畫的一小部分。」

聊天時，我請她說說中國為何能有如此驚人的經濟成長。

「我已經苦思這個問題許久，」她答：「我只能說我們中國人很勤奮，而且我們的積極性已給激發出來。」她張口而笑。「眼前是令人興奮的時期。我所認識與我同年紀的人，都汲汲於邁向未來。一如我們大會的會名，我們得對全球負責。」

「中國從事貿易與經商已有悠久歷史，」隔天早上她同學傑斯·張喝著咖啡時補充道：「我們已衰落太久，但一旦於一九八〇年代決心走回正軌，我們有資源和傳統可茲利用。」

「西方的發展已經歷許多許多年，且其中做過多種嘗試，」坐在傑斯旁邊的大會主辦人，學生約瑟夫·于如此說道：「中國可省去別人已犯過的許多錯誤。中國不必經歷工業革命，直接跳進現代。」

中歐國際工商學院的MBA學生大部分是中國人，但有約略四成來自美國、歐洲、拉丁美洲和亞洲其他地方。他們的學校在二〇〇九年獲《金融時報》列為全球十大MBA課程，與華頓、哈佛、哥倫比亞、史丹佛齊名。這場大會引來的參與者更為多元，有共產黨員，還有自小受灌輸，把共產主義視為欲將北韓式高壓統治擴散到全世界的邪惡勢力的臺灣人。我交談過的與會者，全是在大學畢業後進入職場工作一段時間，再報考MBA。許多人已在民間企業和跨國公司工作過，但有些人在中國國營企業（中國經濟復興的基礎）待過。

一如我在美國境內交談過的許多MBA學生，他們的抱負包括打造更美好的世界。「我所認識受西方教育的中國學生，有一些現正回來亞洲，」約瑟夫·于在我們的某次討論中告訴我。「我們可以扮演東、西方的橋梁，協助釐清誤解和錯誤認知。隨著世界縮小，國界變模糊，像我們這樣有跨文化背景的人，可扮演此種特殊角色。我們已發展出對地球與和平有益的獨特工具。」

這場大會為期兩天，會後，學生帶我參觀上海。

那令我大開眼界。我知道中國已上演一場經濟奇蹟，但實際所見又比我想像的更令人驚奇。最深刻的一次，乃是天黑後坐船遊黃浦江。黃浦江是上海的貨運大動脈，將上海市隔為東西，也隔為未來和過去。舊上海以外灘為象徵，外灘是二十世紀上半葉亞洲最出名的街道，一八四二年鴉片戰爭後進入上海的列強，選中外灘建造他們的銀行、貿易行、政府機關建築。如今的外灘是一座建築博物館，呈現古典歐洲、文藝復興晚期、哥德式、裝飾藝術（Art Deco）諸風格。黃浦江另一頭的浦東，則座落著一些世上最高、最炫麗的摩天大樓，包括有著珍珠狀巨大球體的東方明珠塔、美麗的金茂大廈、中國最高建築上海世界金融中心。夜裡新舊的對比特別醒目；西邊是以典雅風格照明的海關大樓鐘塔，東邊則是讓百老匯相形見絀的燦爛燈光。

站在船甲板上時，我猛然想起鄧小平所謂的「有社會主義特色的市場經濟」。當時我已從那些學生那兒得知，毛澤東常遭臭罵，鄧小平則被尊為現代中國之父。一九八〇年代初期，他決定讓上海引領中國邁向世上從未見過的經濟復興。這一大膽舉動確實奏效。他還發出「致富光榮」的口號。

「中國人，包括鄧小平，至今仍受儒家等級觀念的影響，」我跟曼迪說鄧小平的話與傅利曼的理念相吻合時，她如此說道。一陣涼風拂過江面，明亮燈火之間，一艘油輪挺著黑黝的身影，駛過我們船邊，駛向大海。「我們從小受灌輸，照顧好自己家庭是人首要的本分。照顧好家庭，再擴及社會、國家。應從這個脈絡來理解鄧小平。」

這是個很有深意的觀察。如果在看重大我更甚於小我的文化裡，宣揚獲利是經商的唯一目標或致富是光榮的觀念，那麼，對資本主義的解讀，將截然不同於在一個強調粗魯個人主義的文化。後一文化只有在有明文規定要求追求大我利益時，才會這麼做，而前一文化則因這樣的道德觀念深植人民心中，而會自然這麼做。

每次我問中國學生環境的問題，他們都認同把環境弄乾淨是當務之急，而且一再有中國學生告訴我，乾淨的一天終會到來。經濟成長一直以來是首要目標；這時則該開始處理快速發展所引發的問題。在上海的六天期間，中國政府宣布將對汙染者課稅，將在國內許多地方廣設隨插即充的充電站，以支持正在開發電動車的某家公司，並將提供約四千美元的補助給購買電動車的人。傑斯告訴我：「政府說會怎樣，就會怎樣。」

由於最近全球市場的崩潰，中國的經濟成長也受創，二〇〇九年第一季的年平均成長率降為六%[1]（相較於美國的負六%）。從報紙和中歐國際工商學院的討論來看，中國人很篤定不管外面如何風風雨雨，中國不久就會回復正軌。我一再聽到，有十三億多潛在消費者的國內市場，幾乎仍是一塊處女地。此外，許多人興奮樂觀地認為，中國很有機會在太陽能、風力發電、電動車等綠能產品上引領世界風騷。

中歐國際工商學院副院長郭理默（Rolf Cremer）和他的妻子海蒂邀我共進晚餐。我想他們是最了解中國的外國人之一，因為他們二十多年前就已從德國遷居中國。我問海蒂中國會以何種心態因應全球經濟危機，她答以「樂觀」。「在世上許多地方，例如歐洲和美國，人們抱怨東抱怨西，怪罪別人，幾乎未著力於改善現狀。他們用心於替不改變尋找理由。在這裡正好相反。中國人告訴自己改變是有用的，隨即付諸行動，然後真的有用。」

毋庸置疑，資本主義已使中國改頭換面。全球約六分之一的人口在三十年內如此徹底地改弦更張，由此可知我們美國人要做類似的改變，並非不可能。中國是個多種文化並存的國度，在漫長歷史裡，那些文化曾頻頻相互殺伐；中國已向世人表明，我們人類有能力同心協力以實現共同目標。

我們毋須害怕中國或批評中國的汙染嚴重，反倒可借鑑他們的出色成就，鼓勵他們更上層樓。中國能夠成功，乃是因為他們並未採用我們最近那種多借錢、少管制的模式，因為他們不像許多開發中國家接受世銀的限制條款和結構調整方案，這一點也是值得我們深思的。

好幾次有人問我，他們那種由上而下的中央集權決策模式和我們較民主的決策模式，我比較中意哪一種。問這個問題的人，接著總會說道，中國模式為世界從生態浩劫邊緣抽身，提供了可能性，而我們的模式由於遲鈍笨拙，決策速度來不及因應世局的急速變化。

最初我很氣憤，覺得拿這種問題問像我這樣向來鼓吹民主的人毫無意義。但我越是深思這個問題，就越了解這個問題的真實意涵，而且每次拿起飯店房門外的報紙，得悉欲改變現狀的歐巴馬總統又遭到抗拒時，這個認知更為深刻。從那些報紙上，我不斷看到美國的民主如何遭到篡奪的例子。如今，決策過程已大不同於我在商學院所學的那種。不再是人民當家作主，而是企業說了算。當前反對美國改變的勢力，主要來自企業執行長、執行長的說客、倚賴他們的政治人物。美國人民於二〇〇八年投票選出一位承諾改變的總統，然後就縮回去，在家看電視，等政府解決所有危機。事實上美國政府仍在迎合金權統治集團。

因此，對於前述問題，我的答案是斬釘截鐵偏愛民主。但我們當前的治理方式恐怕稱不上民主。民主有賴於了解情況的選民。當大部分選民遭蒙蔽，而不知我們外交政策的某些最基本部分——例如經濟殺手與豺狼所幹的勾當、謊稱他國存有大量毀滅性武器、未經起訴即拘押犯人的行徑——就很難說我們了解情況。

我無法斷言當前中國政府的作為，是否回應了它大部分人民的想望，但我可以說，在美國，我們已將人民的許多最基本權利割讓給企業，而企業所為並不符我們的最佳利益。它們築起高牆，抗拒我們所投票贊成的改變，但我們很少挺身制止。

民主並未辜負我們，而是我們辜負了民主，我們讓企業篡奪了民主程序。我們採行現今那種資本主義，而把民有、民治、民享的政府交予金權統治集團掌管。解決之道不需改採別的治理體制，只要翻修既有的體制，並採取不同的經濟取向。

資本主義的歷史漫長而精采，而且有多種大同小異的種類。在美國，我們感染了突變種資本主義，因此發燒，而今我們已開始致力於復原。一如其他病毒，金權統治集團正在反撲。我們有過了不起的勝利紀錄，因此，對眼前的這場仗大可放心。誠如下一章將探討的，我們已逼使政府和最大、最頑強的企業改變它們的方式。過去這些成就表明，我們有辦法駕馭金權統治集團、贏回民主。

第十五章　大衛對哥利亞

奴隸制並不是因為林肯入主白宮而廢除，奴隸制度之所以終止，是因為美國人民選出一位反對蓄奴的總統。

美國的女人並未因為威爾遜鼓吹給予婦女投票權，就取得那樣的權利。女人為取得投票權奮鬥了很長時間，而威爾遜當上總統後，她們立即發動大規模運動，逼他支持她們的主張。威爾遜每到一地演講，她們即揮舞標語，質問在美國有一半人民無法參與國內選舉時，為何美國人該參與第一次世界大戰，為歐洲的民主而犧牲性命。

越戰終止，並非因為尼克森是反戰主義者。全國各地人民要求停止這場看來徒勞無功的戰爭之後，他才將美軍撤出越南。

改變總是從我們開始。

始於一七七三年將茶葉丟進波士頓港灣的那些愛國人士，始於一八三〇年代組成反蓄奴協會的那些公民和一八四〇年代的反童工運動組織。始於一八六九年蘇珊・安東尼（Susan B. Anthony）、伊莉莎白・史丹頓（Elizabeth Cady Stanton）所創立的全美婦女投票權協會，始於走在馬丁・路德・金恩和切薩爾・查維斯（Cesar Chavez）身後的那些人。始於與瓊拜亞（Joan Baez）、彼得席格（Pete Seeger）一同集會抗議的那些人。

這些運動和美國獨立戰爭一樣，個個都是漫長傳統的一部分。我們有時候會忘記，美國獨立戰爭乃是在反抗英格蘭國王所認可的企業惡行。獨立之後，新政府只對擴建港口、建造橋梁、輸入市場所需商品而有益於公眾的公司，授予特許狀。特許狀的有效期只有短短十年，或在公司實現其組成公司的目的後即終止，且任何公司都不得買走其他公司。

這維持了約一百年，然後洛克斐勒與他一些朋友讓紐澤西州和德拉瓦州相信，制定有利於有錢投資人的法律，即所謂的「權力授予法」（Enabling Act），將為州政府帶來稅收，為政治人物帶來回扣。其他州迅即跟進。第二次世界大戰後，世銀與國際貨幣基金的官員逼許多國家民營化、解除管制、向外借貸，漠視公眾利益的政策隨之擴及到全世界。財團買下原先的競爭者，將壟斷觸角伸到地球各角落。

綜觀美國歷史，我們任由獨裁勢力宰制和奪回掌控權的時期，一再交替出現。而約略從一九七〇年代開始的時期，不過是整個全球都回到以前洛克斐勒強盜資本家的週期。這股剝奪人民權力的浪潮，席捲全國，擴及世界許多地方，且這次是將大權交予金權統治集團。

上海是個曾多次遭殖民政權與獨裁政權統治的城市。二〇〇九年走訪上海期間，過去的景象頻頻浮現我腦海。有天下午，我坐在十六世紀典雅的明朝中國園林豫園裡，欣賞園中的大假山。大假山以約兩千噸稀有石頭為材料，用帶黏性的糯米漿膠結、建造而成。大假山近十五公尺高，曾是上海最高點。在園中，我遠離城市的喧囂，陶醉於假山的峰、稜、谷、洞，感到無上的喜悅。突然間有個小男孩揮舞著塑膠劍，飛奔過我身旁。那股喜悅當場消失無蹤。我想起數千名奴工被軍人逼迫著把那些石頭拖到城裡，將它們鑿削成這個奇幻世界，供帝王欣賞。

我也曾是奴役他人的人。我當經濟殺手時出的第一項任務，就是去奴役一整個國家。我說服印尼官員接受國際貸款，美國工程公司得到有利可圖的工程合同。我們的石油公司獲得鑽探特許權，只要是公司的地震學家認為可能藏有石油的地方，我們公司就可赴該地鑽探，不在乎是否會危害環境和當地居民。加諸印尼的債務，使印尼淪為形同美國的殖民地，且為成衣與製鞋公司之剝削當地工人，使他們在血汗工廠裡過著形同奴隸的生活，開啟了大門。在印尼完成任務後，我在中東、非洲、拉丁美洲如法炮製。美國大眾受到矇騙，以為我們在協助那些國家掃貧。

這套辦法在第三世界很成功，因此我們把它搬到國內。金權統治集團殖民統治自己國家的人民，手法一樣，但對象是個人而非國家：債務、私有化、解除管制。金權統治集團知道，要把我們納入支配，就要從我們身上著手。只要讓人揹上還不起的債，用運動比賽、「美國偶像」歌手選秀節目，以及名人性生活八卦不斷娛樂人心，就可以控制他們的慾望和財務決定，就能操縱、剝削他們。

史學家有充分理由將二〇〇一年的九一一事件，視為揭露這個體制的弱點的起始事件。九一一使美國陷入一場嚴重削弱經濟的戰爭，或許更重要的，九一一體現了我們的脆弱。作為美國全球化象徵的世貿中心大樓，在幾分鐘內化為瓦礫；連美國軍方中樞和神經系統的五角大廈，也未能倖免於攻擊。

「大部分人不知道我們已衰落到何等地步，」我在西雅圖的退伍軍人和平全國會議上發表主題演說後，有位斷了一隻手臂剛從伊拉克返國的軍人告訴我：「我一直認為我們是『好人』，後來看到我們在那裡的所作所為後，我不再這麼認為。我們是哥利亞，而如今大衛已把我們撂倒。」A

一如哥利亞，帝國最終難逃崩潰。帝國崩潰後，真空出現，戰爭爆發。新帝國崛起，通常和前帝國一樣糟，往往還更糟。那是我們不想重來的模式。我們不應看著自己的龐然社會倒下，而應改造它。

一九六〇年代在波士頓求學時，我會避免走在查爾斯河旁邊，因為河水受到汙染，臭不可聞。俄亥俄州的庫雅霍加（Cuyahoga）河，因河中有來自工廠和化學廠的汙染物而起火。從那時候起，我們說服企業替河水除汙，迫使企業不再使用會破壞臭氧層的噴霧劑，禁用DDT，提升員工中婦女與少數族群的比例，停止支持南非的種族隔離政策。最近，麥當勞與肯德基等公司宣布配合消費者的要求，不再於食物中使用反式脂肪。於是，某些州開始禁用反式脂肪，並明文規定食品必須標示此一成分。電力公司現正打算放棄建造燃煤發電廠的計畫，轉向風力與太陽能發電，因為政府機關和非政府組織不願讓它們取得排放二氧化碳設施的興建許可，它們的客戶也要求它們集中發展永續能源。

這些行動，一如其他具有歷史意義的行動，都始於我們人民的發動，且主要以企業

A 譯註：《聖經》當中，以色列人大衛擊敗了非利士的一名巨人戰士哥利亞。

只為對象；執行長明白之後，政府官員跟進。因此而來的改變，顯示市場是民主的——只要我們決定將市場視為民主的。市場是最根本的投票所。企業能存在，完全是因為我們在店鋪、大賣場與網路上，以鈔票為選票，投票支持它們。哪些公司會成功，哪些會失敗，全看我們的決定。

一百五十年前，我們選出林肯為總統；為了捍衛我們的原則，我們打了場內戰。後來，我們為婦女參政權向威爾遜總統抗議；我們舉辦師生研討會，以教育尼克森和國人，使他們了解越戰的真相。如今，時勢再度要求我們人民說出心聲。我們影響企業的盈虧時，就改變了股價，引來董事會注意。董事會跟著影響國會裡的決定。

我們消費者已打贏許多場棘手議題。在市場上用鈔票投票極為管用，如今該是再拿一場勝績的時候，該是打贏戰爭、改造我們「帝國」的時候。

第十六章 冰川融化的負擔

如果你穿越西藏喜馬拉雅山區高海拔的卡若山口，就會知道這場對付突變種資本主義的戰爭，我們非贏不可。在海拔四千八百公尺處，遠眺荒涼大地，看到照料犛牛群的游牧民和渺小的黑帳篷，看到他們幾千年來世居的土地，然後目光一路往上移，看到覆蓋附近山頭的冰川。當地人說，十幾年前，這片冰原幾乎要碰到腳下的道路。小孩子丟石頭，就能打中冰川。後來，冰川以驚人的速度後退。我遮住刺眼的陽光，瞇眼看著某道冰川表面反射的陽光，那冰川如今看來至少在一．五公里外。

有天下午，我站在那條道路旁——稍稍離開我帶進西藏的那群人——盯著那道冰川瞧，想起從喜馬拉雅山流下的大河：恆河、印度河、布拉瑪普得拉河、湄公河、長江。它們是數億人——或許數十億人——用水的來源。作為他們生命源頭和貯水寶庫的那些冰川，如今正快速消失。

「印度人和中國人可能得從石頭裡擰出水，」我的尼泊爾籍嚮導告訴我：「可別以為這不可能。我聽說中國人正在研究怎麼把某種石頭化為水。」他直直看著我，聳了聳肩。「得了，得了，看來不可能，或許真的可能。但這些水就要枯竭，而這全都因為我們人類。工業化。全球暖化。」他轉向冰川。

我們默默站在那裡，我想起這裡如何遭到變種病毒的攻擊。解除管制遠不只是為華爾街業者的恣意妄為開了方便之門，解除管制意味著第一世界的我們，把我們的汙染出口到全球各地。鐵一般的證據表明，燃燒化石燃料為南極洲的冰原、亞馬遜的叢林、喜馬拉雅山的冰川，帶來無法挽回的傷害，但我們燃燒的化石燃料仍逐年增加，致使那些冰川逐漸融解。而且我們把製造過程移到中國之類地方，使位在美國的我們得以呼吸乾淨空氣，同時繼續購買廉價電腦、網球鞋、電器。

那天下午在西藏，我想起一位朋友。他在美國經營一家備受敬重的非營利環保組織，汲汲於維護鳥類、動物與自然公園的生存，極力支持立法禁止在加州、佛羅里達州外海鑽取石油。有次與他聊天時，他指出從那些外海地區所能鑽得的石油數量，「相較於我們從亞洲、非洲、中東和拉丁美洲所得到的」，根本微不足道。他極力反對可能汙染我們海灘或森林的作為，卻主張在外國的土地上鑽探。三萬名亞馬遜居民在看著自己的小孩死於有毒石油廢棄物後，向厄瓜多境內的雪佛龍／德士古公司提起兩百七十億美元賠償官司，說明了這類想法是何等的短視。

太陽下瞇眼看著卡若山口的冰川，回憶與那名男子的談話，令我想起歷史上有時打贏戰役卻導致打輸戰爭的例子。邦克丘之役就是個典型例子。英國人打贏這一役，卻因士官兵死傷眾多，兵力大失；同時，殖民地部隊體會到，他們有勇氣和本事繼續打下去。打贏保護美國海灘的環保戰役，最終如果造成其他國家雨林的滅絕，那場勝仗最終是得不償失。我們雖不希望墨西哥灣出現鑽油平臺，但我們也有必要知道，看到鑽油平臺出現於佛羅里達外海，說不定反可使當地居民相信必須保存能源，改用可再生能源，而不再以目前的速度消耗石油。把喜馬拉雅山區或亞馬遜流域的汙染視為與美國無關，這樣的想法太過褊狹而且錯誤。

事實上我們正在打一場生存戰。唯一的致勝之道，乃是集中對付全球問題。中國人、印尼人、科威特人和委內瑞拉人不是敵人，想說服我們「貫徹始終」、繼續消費、尋找可供剝削的新資源與土地與人民、只操心如何保住我們後院的人，才是敵人。我們聽信他們的話，就成了他們的共犯。我們也成了敵人。

嚮導回頭看我。「我的尼泊爾同胞、這裡的游牧民、你的美國同胞，恐怕是福禍與共。」

有史以來我們首次福禍與共。我們面臨同樣的危機。地球上的每個人，每種生物，都是。全球暖化、經濟崩潰、人口過多、肇因於貧窮與絕望的暴力、物種滅絕、燃料與糧食和其他商品的漲價、資源的漸漸枯竭，以及空氣、陸地與水不斷遭汙染，我們所有人都或多或少受到衝擊。

每次抱著孫子，我就想起這些事。我們緊密相連，若無法讓每個國家的小孩都期望能在永續、公平、和平的世界裡長大，就沒有小孩（包括生於美國的小孩）能在這樣的世界裡長大。如果印度與中國的河川枯竭，災難將會波及地球上每個嬰兒。

有史以來第一次，我們所有人能互通聲息。衛星電話與網路的觸角伸入沙烏地阿拉伯的沙漠和西伯利亞的森林。我們了解到自己遭到攻擊，資本主義的突變病毒已感染我們所有人。

如果我們真的深愛且關心我們的小孩，唯有制定規則和管理辦法，阻止我們從事會融化冰川、汙染海洋、使空氣充斥有毒氣體的活動，才是正確的選擇。忽視我們所製造與消費的商品的環境成本，猶如從某公司的資產負債表卸下龐大債務，將該筆債務轉移到某個虛構的海外實體，然後聲稱該公司財務很健全。這樣的辦法最終對安隆不管用，對我們其他人或大自然也終將不管用。我們只有一個地球。那是我們的家，唯一的家。

第十七章　恐怖與其他「主義」

海軍海豹特種部隊的狙擊手，在週日於印度洋展開的大膽行動中，毫髮無傷救出一名美國貨船船長，擊斃三名索馬利亞海盜，結束了美國海軍與橘色救生艇上一小群盜匪在非洲之角外海五天的僵持。[1]

《紐約時報》於二〇〇九年四月刊出這篇報導。「海盜」、「大膽行動」、「僵持」、「盜匪」等字眼，常見於美國媒體；聽來就像是戴白帽的西部牛仔騎馬前去拯救遭比利小子及其幫眾包圍的小鎮。以經濟殺手身分在世界的那個部分生活過之後，我知道海盜猖獗一事不能只看這一面。我不解為何沒有人想問海盜滋生的原因。

我想起一九七〇年代初期奉派到印尼的蘇拉威西島時，在布基人（Bugi）處作客的事。自十七、十八世紀東印度公司時期，布基人就是惡名昭彰的海盜。他們的凶狠，使歐洲水手返鄉後，碰到不乖的小孩就拿「布基人會把你抓走」的話來嚇唬。一九七〇年代，我們擔心油輪通過重要的麻六甲海峽時會遭他們攻擊。

有天下午，我與一名布基族老人一起坐在蘇拉威西島的海灘上。我們看著他的族人建造一艘名叫普拉胡（prahu）的大帆船，建造方式幾百年來沒什麼改變。那船又高又乾，像隻擱淺的巨鯨，靠成排的多節瘤木樁支撐，直挺挺立著，那些木樁像是從船殼長出的根。數十個漢子圍著它，用扁斧、短柄小斧和手鑽，俐落地幹活。我向他表達我們政府的疑慮，暗示運油航路若遭威脅，我們會報復。

老人怒目瞪我。「我們早先不是海盜，」他說，濃密白髮氣憤地抖動。「我們只是挺身捍衛自己的家園，反擊前來搶我們香料的歐洲人。如果我們今天攻擊你們的船，那是因為你們的船讓我們的生計沒了著落；你們的『臭船』使我們的水遭到油汙，毀了我們的魚，使我們的小孩挨餓。」然後他聳聳肩。「現在我們倒迷糊了。」他的笑讓人卸下心防。「一小群駕著木帆船的人，怎麼打跑美國的潛水艇、飛機、炸彈和飛彈？」

刊出那篇文章的《紐約時報》，在海豹特種部隊救回人質幾天後，接著發表了〈打擊索馬利亞海盜〉的社論。社論最後寫道：

若不出手干預，索馬利亞只會變成更大的危害，會將暴力散播到東非鄰邦，會滋生更多極端主義，使航經亞丁灣的海運更為危險，成本更高。目前正在討論的辦法形形色色，例如透過索馬利亞的強大氏族，先重建地方機構，繼而重建地區性與全國性機構。探明該建立什麼樣的機構，刻不容緩。[2]

《紐約時報》或我讀過、聽過、看過的其他任何新聞媒體，都未曾剖析索馬利亞海盜問題的根源。眾多的辯論，圍繞著是否該讓船員配備武器，是否該加派海軍艦隻到該地區而發。文中模糊提及重建地區性與全國性機構，但撰文者所指究竟為何？像免費醫院、學校、免費食物發放所之類真正有助益的機構？或者地方民兵、監獄、蓋世太保式的警察部隊？

那些海盜是生計被毀的漁民，是有小孩挨餓待哺的父親。要撲滅海盜，得要幫助他們，讓他們生計無虞，過得有尊嚴。記者無法了解這個道理嗎？他們全都沒去過摩加迪休（Mogadishu）的貧民窟嗎？

最後，美國國家公共廣播電臺的五月六日晨間版深度新聞分析節目，播出格溫·湯普金斯（Gwen Thompkins）的報導：她採訪了名叫阿布希爾·阿布杜拉希·阿布迪（Abshir Abdullahi Abdi）的海盜。

「我們知道自己做的事不對，」阿布迪解釋道：「但填飽肚子比什麼都重要。」

湯普金斯論道：「該地區的漁村已毀於非法拖網漁船和工業化國家傾倒的廢棄物。珊瑚礁據說已死亡，龍蝦和鮪魚也消失。營養不良情形嚴重。」[3]

你可能會以為我們已從越戰、伊拉克戰爭、一九九三年黑鷹直昇機在索馬利亞遭擊落事件，以及其他類似的突襲行動中體認到，武力回應鮮少能壓制叛亂。其實我們沒有。武力回應往往只是助長叛亂；外力介入很可能激怒當地人民，鼓勵他們支持叛軍，導致反抗活動升高。美國獨立戰爭期間、拉丁美洲擺脫西班牙宰制的獨立戰爭期間，殖民地時代的非洲、中南半島、蘇聯占領下的阿富汗，還有其他許多地方，都曾出現這種情形。

如果真想為我們所面臨的危機找出解救之道，把我們的困擾歸咎於海盜和其他鋌而走險的人，就是在轉移焦點，逃避事實。這些事件顯示我們的經濟模式失敗。它們之於我們社會，猶如心臟病突發之於個人。我們派海豹特種部隊前去解救人質，一如我們會請醫生做冠狀動脈分流手術。但不容否認的，海上劫掠和心臟病突發都有其隱而未顯的原因。病人得處理使他心臟出毛病的根本原因，例如抽菸、飲食、缺乏運動。同樣的道理也適用在海上劫掠和各種恐怖活動上。

我們下一代的未來，與生在索馬利亞漁村、緬甸山區、哥倫比亞叢林的小孩之未來，交織在一塊。當我們忘記這個事實，把那些小孩視為遠在異地、與我們的生活沒什麼關連，只是海盜、游擊隊或毒販的下一代，我們不只是把槍對著表面上距我們極遠、其實是隔壁鄰人的那些絕望父母，同時還把槍對著自己的後代。

每次從報章雜誌讀到我們為阻止所謂的恐怖分子危害而採取的措施，我都不由得驚訝於我們觀念的褊狹。我在玻利維亞、厄瓜多、埃及、瓜地馬拉、印尼、伊朗、尼加拉瓜碰過這些人，卻從未碰到想拿起槍殺人的人。我知道世上有止不住殺人衝動的殺人狂，有連續殺人魔，有大屠殺者。我很確定蓋達、塔利班之類組織的成員受到狂熱主義的驅動，但只有在受壓迫或赤貧的沃土上，這類極端組織才能壯大，才能吸收到眾多的人跟隨。我在安地斯山區山洞和沙漠村落裡找到的「恐怖分子」，都出身自受到石油公司、水力發電大壩、或「自由貿易」協定逼迫而離開農田的家庭。他們的小孩在挨餓，他們只想帶著食物、種籽和田契回到他們家人身邊。

在墨西哥，許多游擊隊員和毒品走私者原本擁有農田供他們種植玉米。北美自由貿易協定讓受補助的美國生產者享有不公平的價格優勢後，他們失去了生計。有機消費者組織（Organic Consumers Organization）是個擁有八十五萬名成員、贊助者和義工的非營利性組織。該組織如此描述這個現象：

自北美自貿協定於一九九四年一月一日生效，美國出口到墨西哥的玉米於二○○二年成長將近一倍，達到約六百萬公噸。北美自貿協定消除了玉米進口的配額限制……但允許美國保留其農民補助計畫，從而有利於美國大農場經營業者以低於生產成本的價格傾銷玉米到墨西哥……墨西哥農民的玉米收購價下跌超過七成……[4]

這段描述揭露了「自由貿易」政策的黑暗面。美國總統和國會施行管制，禁止他國對美國商品課予關稅，或禁止他國補助可能與我們的大農場經營者競爭的本國農產品，同時又允許我們保有自己的進口壁壘和農民補助，從而使美國企業享有不公平的優勢。「自由貿易」是個委婉詞彙；它禁止他國享有跨國企業所享有的好處，但卻沒有針對土地掠奪、血汗工廠、導致冰川融化的汙染，制定反制辦法。

曾在桑定民族解放陣線游擊隊裡執行過教士職務，後來成為聯合國大會主席的那位尼加拉瓜神父米蓋爾，對於這種委婉詞彙和言語左右大眾認知的能量，有親身的體驗。「恐怖主義其實不是『主義』，」米蓋爾神父告訴我：「追剿尼加拉瓜反抗軍（Contras）的桑定民族解放陣線成員與蓋達組織之間，或哥倫比亞的革命武裝部隊

（FARC）與亞、非兩洲漁民出身的海盜之間，並無關連。但他們都被稱作『恐怖分子』。那只是方便你們政府去說服世人，世上還有一個與人類為敵的『主義』，就像過去的共產主義那樣。那會把世人的目光帶離真正的問題所在。」

我們的褊狹心態和隨之推出的政策，助長了暴力、叛亂與戰爭。長遠來看，攻擊我們稱為「恐怖分子」的人，除了金權統治集團，幾乎無人能從中得利。

只有那些擁有並經營以下公司的人是大贏家：建造船隻、飛彈、裝甲車輛的公司；製造槍枝、制服、防彈背心的公司；配銷食物、碳酸飲料、彈藥的公司；提供保險、藥物、衛生紙的公司；建造港口、小機場、住宅的公司；重建被毀村落、工廠、學校、醫院的公司。

我們其他人都被「恐怖分子」這個含有多重用意的字眼給騙了。

當前的經濟崩潰已喚醒我們，該管理並約束那些從「恐怖主義」之類字眼的誤用得利的企業掌控者和行使其他騙術的人。如今我們體認到白領高階主管並非不會受腐化的特殊人類，他們和我們其他人一樣需要規範。但光是重新制定將投資銀行與商業銀行、保險公司分開的管理辦法，光是重啟反高利法，光是頒行指導原則，以使消費者不致背負還不起的信貸，還是不夠。我們不能只是重新祭出以前管用的解決辦法。只有採取能提升全球環境責任與社會責任的新策略，才得以保住未來。

偉大的精神導師達賴喇嘛，明確了解這項道理，且宣揚這項道理。有天早上，在飛越喜馬拉雅山的飛機上，我坐在他身旁，他表達了他心目中的行動號召。

第十八章 達賴喇嘛：禱告與行動！

我們一行人早早就抵達拉達克的列城（Leh）機場。我們在小小的候機大廳等待飛往印度的航班，就在這時，達賴喇嘛和他的隨從昂然自信走進來。幾天前我們已聆聽過他向數千名藏人群眾演說，但一直未能敲定與他私下會晤的事。

我們一行人裡有人興奮地告訴我，達賴喇嘛拿著我的著作《改變現狀》（*Shapeshifting*）。有人告訴達賴的祕書，那本書的作者與他坐同一班飛機。我們登機後，立即有人帶我到波音七三七客機的前艙。

達賴喇嘛對我微笑，輕拍他身旁的座位。「很好，」他輕扣《改變現狀》的封面，說道：「我很想多了解一些。」

飛機起飛。他指著下面的喜馬拉雅山，道出我去過的幾座喇嘛廟的名字。然後他和我聊起原住民，以及原住民堅信人應過著不危害環境的永續性生活。我解釋亞馬遜流域的舒阿爾人（Shuar）之所以打仗，減少敵人的人數，乃是因為他們接到一位神祇指示，如果他們的人口成長失控，「你們就得替自己的花園除去雜草」。那個神對舒阿爾人生氣，乃是因為舒阿爾人日增的人口，正造成其他物種（動植物）滅絕。

達賴喇嘛點頭，然後沉默了片刻。他開口講話時，坦承他無法容忍暴力，但也理解那位神的用意。他說：「只有我們人類對有情萬物心懷慈悲，和平才有可能出現。我們得負起保護生命的責任。」他還說，我們不能只是思考、談論、禱告，還應以負責任的方式實際行動。

我提到有位著名的西方作家，最近呼籲眾人在特定日子的特定時刻停下手邊的事，為和平禱告。

「禱告，一如冥想，」他回應道：「是件好事，但那還不夠。」他接著表示，他擔心如果全球數百萬人為和平禱告之後，覺得自己已經盡了本分，以為禱告就夠了，我們大概永遠別想有和平。「我們得採取行動。」他露出笑容，正是我在他著作的封面上看過的笑容。「真的，我們得實際行動。」

下飛機時，達賴賴喇嘛邀我們到他印度達蘭莎拉的住所作客。兩天後，我們在那裡與他聊天，度過大半個下午。那是場極令人感動而又發人深省的交談，話題包羅廣泛。

但最令我印象深刻的，乃是他對行動的強調。這位世界知名的精神導師，強調不只要禱告或冥想，還要有具體行動。

後來我們一行人回飯店集合時，有位女士指出，基督、孔子、穆罕默德、佛陀、甘地、馬丁·路德·金恩、曼德拉，都有類似主張。

「行動是基本，」返回美國，跟一位神經科學家友人提起與達賴喇嘛的談話之後，那位友人如此告訴我。「但我們也應該知道，行動之前有兩個步驟。就是那位作家所提倡的為和平而禱告，或達賴喇嘛口中的冥想，或你的原住民友人可能稱之為『夢想』的東西，派上用場的地方。」他指著擺在我們桌上的一杯水。「在我拿起那杯水之前，得有動機讓我想那麼做。」

「口渴。」

「沒錯。也或者因為我想清理桌面，」他咧嘴而笑。「也或者想拿水丟你，什麼動機並不重要，重點在得有東西讓我想這麼做。然後我得相信我能做到。我得『憧憬』做那件事。我的大腦得傳送信號給手臂和手，告知我想拿起且能拿起那個杯子。」他盯著我瞧。「有數百人被送進精神病院，因為他們的腦袋無法發出那類信號。」他傾身向前，往杯子伸出手。「做完這些之後，我就可以行動。」他拿起杯子，舉到嘴唇，停住。「這時（露出頑皮笑容）我得決定是要喝下，還是潑你？」

整體來說，我們都在盯著杯子的階段。決定的時刻就在此時。我們要如何使用那杯水？

從經濟發展的歷史角度來看，我們的政策已從幼兒期進步到青春期。打個比方來說，我們以狩獵採集維生時，是在地上爬行。一段時間後，我們站直身子，揮動鋤頭，成為耕種者。我們不再只是接收大自然所給予的東西，還著手進一步掌控自然。我們種植、收割，研究天氣模式和作物週期，馴化動物，懂得織布。我們敲打出工具和武器。然後我們開始劫掠，最早走上此途者，可能是從亞洲乾草原大舉南下中東與歐洲較肥沃地區的小群游牧民。我們漸漸心動於可以剝削他人，我們生起競爭之心和侵略心態，組成旨在比鄰近社群更勝一籌的社會。我們開始認為資源用之不盡，認為要使「我們」的人享有更多，必須從別人那裡取得。

本書前幾章探討了我們的經濟由重商主義到工業化、再到目前這時代以來的變革。而在目前這個時代，競爭被視為是金融、通訊、電腦科技的主要特色，跨國企業則已取代民族國家，成為地緣政治背後的主要推手。

如今，面對全球衰退，我們為自己的成就感到灰心。我們認知到自己在自取滅亡。

冰川融化所象徵的危機，漸漸使我們相信，該揚棄過去幾百年引領我們的舊原則，該沿著經濟發展曲線前進，該揚棄那種剝削性、殖民主義式、不成熟的心態，轉而擁抱我們是生活在一個渺小星球之脆弱物種這個成熟認知。

我們已該認知到，我的孫子若要有美滿生活，就得讓全世界與他同一代的小孩都有美滿生活，才能如願。只有把整個地球視為我們的祖國，才有國內安全可言。我們應該開始抱持我們同在一條船上，只有彼此合作才能生存的心態來行事。因為這兩者都是千真萬確。

我們已走到新的階段。在這個階段，我們知道商界與政界領袖所帶領我們走向的未來，必須是讓所有人同享長期永續、公平、和平的未來。我們也知道，該由我們來要求他們這麼做。我們的領袖得有人在後面推。

過去的帝國透過武力征服擴張版圖，如今已不是如此。當前控制世界的力量，不是靠軍隊打出來，而是透過企業。我們得行動，但我們毋須拿起武器改造企業。

下面幾章為落實改變提出了一套策略，而改變涵蓋了下面五個行動領域：

1. 接受消費責任

2. 打造新經濟
3. 採用能鼓勵良好管理、能以新式英雄為偶像的態度
4. 施行針對商業與政府的新治理規定
5. 尊重我們個人的熱情

如果相對少數的我們，占人口極小比例但數量足夠達到預期效果的我們，有心在上述每個領域採取行動，我們就會成功。在我們有生之年。

第十九章——接下消費責任

「不要再買耐吉的產品，」有次我在演講時，有位女士站起來，對著聽眾揮舞雙手說道：「發電子郵件給耐吉，說他們若不停止利用血汗工廠，就不買他們的產品，然後只買『非血汗』公司的產品——網路上可以找到——發電子郵件給他們，告訴他們那是因為他們不利用血汗工廠。只要有足夠的人這麼做，耐吉就不得不改變，不然就關門大吉。」

「在血汗工廠工作的那些印尼人怎麼辦？」有位男子在演講廳另一頭大喊。

我走向麥克風。「沒有人得丟掉飯碗，」我說：「我們的目標是讓耐吉之類公司相信，他們得把血汗工廠改為合法工廠，讓工人的工資足夠過得起像樣的生活，包括付得起醫療費，退休後生活無虞。」

又一位女士舉手。「你是說，」她問：「我得用較多的錢購買小孩的襯衫和網球鞋，以便讓亞洲的某個家庭活下去？我已經接了兩份工作，只能勉強打平開銷。」

我講了我女兒潔西卡的事，以回覆她的提問。有天，身懷六甲的她打電話來。一直在網路上物色嬰兒床的她說：「我找到一個，兩百美元。中國製，很可能是血汗工廠製造。還有一個是加拿大的非血汗工廠製造，而且是用驗證合格、非來自老樹或雨林樹的木頭製成。要價六百美元。你怎麼看，老爸？」

我看著下面的聽眾，告訴他們，潔西卡在非營利組織工作，賺的錢不多，每一分錢都精打細算。

「我當然會多花四百美元，」她在電話裡繼續說：「我已經東拼西湊到四百美元，買張汽車安全座椅保護我寶寶的生命，或讓他去我知道很安全的日間托兒所。那我為何不這麼做，以創造一個將會是公平且安全的世界？那是對他未來的投資，而不是犧牲。」

我告訴聽眾，一如我已告訴過其他許多場的聽眾，多花點錢購買由對社會與環境負責任的公司生產的產品，絕對是對未來的投資。那意味著我們沒把債留給子孫。我說：「有時候，你未必有錢做那樣的投資，可能得買較宜的產品。如果是這樣，至少要記得自己放棄了一次投資。但此外，請在心中許下承諾，一旦有能力做那樣的投資，絕對會做這筆划算的投資，長期來看對你和你的小孩都最有利的投資。」

身為消費者，我們的力量極大。本書已強調過市場是個民主投票所。我們人民可以用手中的購買力鼓勵良好的管理。

在油價高漲時期，我們不再購買吃油如喝水的運動休旅車，汽車製造商就關掉工廠。同樣的事發生在被我們得知含有致癌物質的中國製兒童玩具上，發生在禁菸運動揭露二手菸對孩童健康危害之後的香菸上，發生在用作建材的石棉上，還有其他許多產品上。

有些企管理論家推測，大企業付給執行長那麼高的薪酬，原因之一在於具有他們那種管理長才的人極為稀少，以及他們缺乏某種良心——使大部分人不願賣危害生命的產品、不願做出危害生命的決策的那種良心。湯姆．哈特曼寫道：

> 我們之中只有約一%到三%的人，是明知自己做的事不對但毫不在乎的反社會者……而在那一%中，擁有大學學歷者，大概是鳳毛麟角……了解企業如何運作者又更少……有能力管理現代獨占性、破壞性企業的人奇貨可居，因此，股東才不得不花數百萬美元聘請他們。而身為反社會者，他們欣然收下錢，絲毫未慮及社會後

果。[1]

或許反社會者的確位居某些最大企業的最高層，但那不該成為我們的阻礙。他們是靠我們購買商品和服務才能穩坐高位，他們並未指揮軍隊逼我們購買產品。

我所認識的企業高階主管，包括我幹經濟殺手期間結識的那些高階主管，大部分不是反社會者，反倒是同樣感染突變種資本主義的受害者。高階主管的職責就是追求獲利的觀念一直在驅使他們。就是這樣。一旦有機會，他們即趕去參加企業社會責任研討會，也接納三重盈虧結算線的主張。我們一旦允許他們思考獲利以外的目標，他們便興致勃勃地行動。

在奧勒岡州的波特蘭，電臺主持人最近問我：「如果可以給（耐吉創辦人暨董事長）菲爾．奈特（Phil Knight）建議，你會給什麼建議？」

我答：「我會建議他效法亨利．福特。福特曾說他希望付給工人的工資，夠讓他們買得起一輛福特汽車。如果耐吉在每個它設有血汗工廠的地方都這麼做，世界會更安全、更美好得多，且耐吉的銷售額會飆升。」

在廣播節目裡，我們討論了以下事實：耐吉已採取措施使公司更注重環保，且投下大筆資金在公關宣傳，以使我們相信其工人的待遇已比幾年前好。但本書第四章提及的「正義教育」創辦人吉姆．吉第和萊絲莉．克雷楚，還有監督印尼和其他地方情況的其他非政府組織，發現許多國家裡生產耐吉產品的工人，工資仍嚴重偏低，且工作環境仍極度惡劣。

我不認識菲爾．奈特，不了解他的精神狀態。他可能是那些反社會者之一。如果是，他就不可能贊同福特的理念。但我們消費者可以迫使他人道對待工人。只要不再購買耐吉產品，直到這家公司改變為止。

我告訴波特蘭的電臺聽眾：「我很希望穿戴在身上的耐吉標誌，乃是一家竭盡所能讓世界更美好的公司。只要我們所有人在耐吉承諾好好對待生產其產品的員工之前，拒絕將耐吉的標誌穿戴在身上，那一天就會到來。」

在我講話之後的發問時間裡，還有兩個問題常有人提問：

1. 對於供應軍方所需的企業：要如何使他們轉向？
2. 要如何判定企業真的承諾以對社會與環境負責的方式行事？

關於第一個問題，較簡短的答覆是：對於軍事導向的企業，我們的影響力超乎我們所認為。雨林行動聯盟（Rainforest Action Network）之類組織已發現，非零售業的企業（例如林業及紙業公司波伊西〔Boise Cascade〕和大部分軍需品供應商），或認為在自己的產業裡消費者不會產生任何產品忠誠的企業（例如花旗集團和軍需品供應商），都有施力點可讓我們輕鬆扭轉其經營觀念。

「就去找他們的最大買家幫忙，」有天我和雨林行動聯盟的經理麥克·布倫（Mike Brune）坐在舊金山某家餐廳裡時，他告訴我。「波伊西公司不願談，我們就找金克公司（Kinko's）和已簽署支持我們計畫的其他波伊西客戶。施壓奏效。至於那些大銀行，可能就得讓他們的最高階主管難堪才行。」雨林行動聯盟曾在報紙廣告上登出企業總裁的照片，同時在照片旁說明那些企業如何摧毀森林，殺害原住民。該組織也曾派人帶著告示牌和橫幅標語到企業高階主管演講的場合——類似婦女參政權運動組織當年向威爾遜總統抗議的辦法。這兩個辦法都管用。麥克接著說：「企業高階主管是人，他們得面對自己的小孩。他們回應社會壓力的方式，和你我沒有兩樣。」

關於如何影響軍產複合體這個問題，長一點的回答則和改變經濟有關。這留待後面幾章處理。

第二個常有人提的問題，是如何判定企業是否真心改變。

一如潔西卡替我孫子物色嬰兒床時所發現的，網路上可以找到大量資訊。那些資訊未必全然正確，但卻不斷更新，且幾乎每天改善。Google等搜索引擎乃是確保取得最新資料的理想來源。撰寫此書時，有個好用的來源是非營利組織「綠色美國」（Green America，前Co-op America）的網站。例如，根據他們的調查，如果你想了解網球鞋，這個網站在二〇〇九年四月給了以下資訊：

膠底休閒鞋：領先者與落後者

要打造非血汗工廠出廠的一身行頭，鞋子有可能是其中最難搞定的部分。最近幾年，數百家製鞋公司將工廠移到國外，且可能幾乎未監督其供應鏈。

我們利用Co-op America的兩個線上工具（ResponsibleShopper.org與Greenpages.org），擬出這份運動鞋業的「領先者與落後者」名單。鍵入下方公司名稱的連結，可更深入了解Responsible Shopper上面的傳統公司，或找到Green Pages裡面的綠色公司名單。

The Autonomie Project：這家公司生產的休閒鞋，是使用經「森林管理委員會」（Forest Stewardship Council）認證的全天然、永續性橡膠鞋底所製造。該公司支付公平貿易溢價給斯里蘭卡的橡膠生產商和巴基斯坦的縫鞋業者。

評分：A+

Equita：販賣巴黎Veja公司的膠底休閒鞋。Veja與巴西合作社直接合作，為其橡膠休閒鞋提供有益於生態的有機棉花和天然橡膠。該公司的休閒鞋在公平合理的勞動環境下製造，包括基本生活工資和與生產者的長期關係。評分：A+

Global Exchange：在其線上的公平貿易商店，販售非血汗工廠出廠的膠底休閒鞋。

評分：A+

No Sweat Apparel：生產由印尼一家有工會的工廠製造的膠底休閒鞋。該網站列出工人的工資、福利資訊，包括育兒補助、齋戒月紅利、健康保險等。

評分：A+

Traditions Fair Trade：販售由阿根廷合作社製造的膠底休閒鞋。由Traditions Fair Trade的網站可連結到The Working World這個支持合作社的非營利性組織網站。購買者可在該組織的網站清楚了解，鞋子定價的每一分錢是怎麼算出來。

評分：A+

New Balance：作為傳統製鞋公司，New Balance與眾不同之處在於其有四分之一以上的產品在美國製造。近幾年該公司將工廠漸漸轉移到中國，引來外界的批評，例如二〇〇六年全國勞動委員會和「中國勞動觀察」組織所公布的報告裡詳列的低工資、長工時。

評分：C

Timberland：Timberland運用第三方評價體系來獨立監控其製造設施，但Timberland的生產工廠仍遭點名不合理加班、工作環境不衛生、遲發工資。

評分：C

Nike：最近發生數起工廠苛待員工的事，包括為阻止工會活動而辭退土耳其某工廠的組織工會者。

評分：F

Reebok/Adidas：Reebok的約旦工廠，最近有幾起苛待勞工的事，包括雇用偷渡入境的外勞、沒收護照、十六小時輪班制、工資低於法定最低標準、毆打、性侵。

評分：F

Puma：在土耳其、中國、薩爾瓦多、印尼、墨西哥一再涉及嚴重侵犯工人權利的事。來自孟加拉的報導，提及童工遭毆打、工作到精疲力竭、一天強制工作十四小時、時薪低到六．五美分。

評分：F[2]

如果想更深入了解特定公司，不妨到同一網站的另一個網頁。針對耐吉，大概會讀到以下介紹：

- 耐吉是全球第一大製鞋公司，占去美國運動鞋市場的五分之一強。
- 耐吉公開其工廠的所在地點，聘請獨立監督機構評估其供應商是否配合規定，是否從綠能購買過半能源需求。
- 但批評耐吉者認為，這些努力遠不足於改善其成衣工人的工作環境。
- 耐吉的供應商工廠一再遭指控侵犯勞工權益，包括員工薪水偏低、工作時間過長、普遍遭遇言語乃至肢體的虐待。
- 據稱耐吉未據實陳述其海外製鞋與成衣工廠的工作環境，以逃避外界對其侵犯人權和勞工權益的批評，加州最高法院因此裁定，一旦發現該公司辯護其海外勞動環境的陳述是「商業語言」，可以不實廣告之罪名起訴耐吉。[3]

新工具一直在推陳出新，讓消費者更易於把市場當作是投票場所。如實標示成分的作為，已大大提升我們分析食物成分的能力，使我們得以知道食物裡含有多少熱量、脂肪、蛋白質、纖維、鈉、維他命等成分。在不久的將來，我們將更能夠判定衣物、電器等產品是在哪種社會條件與環境條件下製成。

在其新作《綠色EQ》（*Ecological Intelligence*）中，丹尼爾．高曼（Daniel Goleman）探討了「社會與環境生命週期分析條碼標示法」，認為那是不久後就能施行的辦法。屆時，所有產品上都有一個條碼，供顧客在購買時以內建於手機的小攝影機掃讀。產品的優缺點都將納於條碼中，包括產品生命週期初期的優缺點（例如採礦或耕種方面），末期的優缺點（也就是處置與回收的成本與益處）。[4]

這類不斷演進的技術，將使我們得以磨練技能，但我們也毋需等待，目前的資訊已足夠我們發揮影響力。我們不能奢望自己或企業做到百分之百的完美，至少在開始時不能，但我們可以期望所有人為追求完美而毫無保留地付出。告訴世人只有矢志提供符合最嚴格環境及社會責任準則之商品與服務的公司，才會得到我們的青睞。這麼做乃是我們的特權，也是職責。

邁向完美的過程，提供了無可限量的機會，它為新一代創新發明者、企業家、企業高階主管開啟了大門。消滅突變種資本主義，使我們得以探索可造福人類的新式資本主義，得以邁進一種令人振奮又充滿活力的經濟。那也是下一章的主題。

第二十章 打造新經濟

「大農場經營公司用了許多肥料、殺蟲劑和其他化學藥劑，」尼加拉瓜的農林部長阿莉耶爾・布卡多・羅查（Ariel Bucardo Rocha），看著史蒂芬・雷希特夏芬（Stephan Rechtschaffen）說道：「我們的許多土地已經毀了。」

醫學博士史蒂芬於一九七七年與人共同創立奧米茄協會（Omega Institute），是一個致力於個人成長、健康與轉型的教育機構。他也寫了《時間轉換》（*Time Shifting*）一書。這時他正在哥斯大黎加建造一所新的全人學習中心，探索如何將有機農業推廣到該地區全境。二〇〇八年三月，他為一小群有心改善尼加拉瓜農民生活的慈善人士和社會運動人士，主辦了這趟尼加拉瓜之旅。我們去了偏遠地區，與農民交談，參觀當地市場，回到馬納瓜與政府官員會面。

同樣的說法，我們一再聽到。道爾（Dole）、奇基塔（Chiquita）、嘉吉（Cargill）、卡夫（Kraft）之類公司已毀掉那裡的土地。只著眼於追求公司最大獲利的政策，使該國土壤貧瘠到許多地方已無法從事有機農業。

刊登於SourceWatch網站上的一篇文章，扼要說明了其中某些方法的影響：

> 尼加拉瓜、哥斯大黎加、宏都拉斯和其他地方的奇基塔公司工人，指控該公司將有毒的農業化學品，包括被美國等其他國家禁用的殺蟲劑，用於香蕉生產。經證實二溴氯丙烷（Nemagon）殺蟲劑會嚴重危害健康，包括導致視力喪失、器官受損、不孕、癌症、先天缺陷，以及流產。尼加拉瓜法院在二〇〇二年判決，奇基塔、道爾、陶氏（Dow）得賠償四億八千九百萬美元給因接觸二溴氯丙烷而受傷害的尼加拉瓜工人。二溴氯丙烷又名DBCP，美國早於數十年前就禁用。[1]

「很難相信外國公司會將因為太危險而被美國禁用的化學物品，轉用在其他國家，」尼加拉瓜國民議會指導委員會委員阿爾娃．帕拉西奧斯（Alba Palacios）告訴我們。「但在這裡就真發生這樣的事。」

除了農地，尼加拉瓜還得到上天賞賜豐沛的淡水。尼國有多條大小河川，還有兩座大湖：尼加拉瓜湖是中美洲最大湖，面積超過七千七百平方公里；馬納瓜湖約六十公里長，二十四公里寬。不幸的是尼國的水汙染嚴重。美國非營利組織「公民」（Public Citizen）報導：

> 水覆蓋尼加拉瓜一成的地表，但環境退化、汙染、某些地區缺水，使該國可能沒有足夠的水來維持人口和生產力。如今，將近三分之一尼加拉瓜人無法取得飲用水。在鄉村地區，七二%的人口無飲用水可用，往往得從已遭住宅廢水、殺蟲劑、工業毒素汙染的淺井、溪河、湖泊取水。[2]

與羅查、帕拉西奧斯兩位女士見面後的隔天，我和史蒂芬站在馬納瓜湖畔。湖臭難聞。「一九七二年地震後，蘇慕薩拿走所有外國金援，」史蒂芬若有所思地說道。蘇慕薩指的是外號塔奇托的阿納斯塔西奧・蘇慕薩・德拜列（Anastasio "Tachito" Somoza Debayle），他從一九六七至一九七九年統治尼加拉瓜，手段相當殘忍，而其家族更是從一九三六年起就以鐵腕手段統治該國。「他生活闊綽，不但沒有重建馬納瓜和城裡的供水和排水系統，反倒將居家廢棄物與工業、農業的廢棄物全輸進這座湖裡，使它變成一座汙水池。」

「那是我幹經濟殺手第二年時的事。」我把香蕉拿到鼻子前，以驅除那股惡臭。「我記得那些震災款項有指定用途，要用來促成湖岸地區的經濟奇蹟——漂亮房舍、公園、湖濱的寬闊木板人行道、商店、美術館，或許還有一座露天劇場。觀光業和上漲的房地產將使尼加拉瓜得以還債，繼續繁榮。」

「結果，這整個湖畔地區如今無法住人。大好機會如此流失，多麼可惜！」

我告訴史蒂芬，地震後不久我參加了一場晚宴。世銀總裁羅伯·麥納馬拉是晚宴上的演講人。晚宴後，與拉丁美洲發展計畫有關的我們幾個人與麥納馬拉開會。他告訴我們，儘管蘇慕薩貪腐又侵犯人權，世銀和美國政府（麥納馬拉在之前甘迺迪與詹森當政時當過國防部長）仍會挺他，因為他是「對抗卡斯楚、杜里荷之類共黨人士的堡壘」。這句話叫我震驚。當時我很納悶以麥納馬拉如此的教育程度，怎會將奧瑪·杜里荷抹黑為共產黨人，但我壓住疑惑，保住了飯碗。

然後史蒂芬與我談了改革世銀的可能。「它的原始宗旨立意良善，」我說：「重建因第二次世界大戰而殘破不堪的國家。看來現在是將那份宗旨落實於這類地方的時候。」我們討論了以下構想：聯合國可與世銀合作，主持一個大型運動，清除這座湖的汙染，將尼加拉瓜首都旁的一塊荒地改造成都市規畫的典範。

史蒂芬說：「想想看，如果把美國付給當前某些飛彈製造公司的軍事預算的一部分，拿來製造可清除此湖汙染的設備，會怎樣？」

這是個很有意思的點子，而且也是可應用於其他產業的點子。例如，如果把我們的部分稅收付給道爾、奇基塔、嘉吉、卡夫等大農場經營公司，要他們開發出可讓世上挨餓的人餵飽自己的方法（較好的種植、貯存、配送食物於當地的方法），會怎麼樣。沒有人得因此失業，只要改變他們的工作內容。付錢給通用動力（General Dynamics）、雷神（Raytheon）、格魯曼公司富創造力的員工，請他們不要造潛水艇，而去造能清除湖泊汙染的船。花錢請道爾、奇基塔、卡夫開發出能使耗竭的土壤恢復地力的設備，開發符合貧窮鄉村需求的食物貯存體系，而不是開發大面積的香蕉園。

史蒂芬說：「去沃爾瑪逛逛，就知道世上充斥沒人需要的廢物。走在超級市場裡，琳瑯滿目的商品，叫人難以抉擇。玉米脆片，加糖的或不加糖的？或加蜂蜜的？加了葡萄乾的或沒加的？要不要來個脫水草莓？甲牌或乙牌？要黃色大盒還是更大的橘色家庭盒？」

「與此同時有十億或十億多的人快要餓死。」

我們走過一段日益破敗的混凝土路。幾年前有人開始在此建造湖畔步道或我認不出是什麼的別樣東西，如今成了廢墟。我不斷在想今日的全球經濟，有多大部分是建立在沒有用處的廢物上。一堆沒必要的塑膠製品和金屬製品；穀物加工成失去營養成分而包上花俏浪費包裝的食物；以挨餓的非洲礦工挖出的稀有金屬鈳鉭鐵礦為關鍵原料，製造出手機和手提電腦等小巧電器卻在短短幾個月內就過時。我腦海一再浮現飢民的臉龐和瘦得不成人形的身體——我在印度、尼泊爾、印尼、海地碰過的飢民，我和其他每個人一樣在電視上見過的飢民。我竭力不讓自己消沉，竭力思索新經濟的可能性，那種新經濟是建立在生產人們真正需要的東西上，建立在生產有利於地球、為未來提供希望的商品和服務上。

我向史蒂芬提到我的看法：一場革命正席捲西半球。拉丁美洲境內已有十個國家在新一波民主選舉中選出總統，而尼加拉瓜是其中之一。占去南美洲人口八成多的這些國家，最近幾年的總統大選結果向世人發出一項有力的訊息。這些總統向已使他們人民飽受奴役數百年的殖民主義政策說不，向他們通常稱為「華盛頓共識」、「新殖民主義」或「新自由主義」的掠奪式資本主義說不。他們要求拆除把他們囚禁在世界銀行與國際貨幣基金債務裡的圍牆，而且要通告世人，不會再容忍跨國企業掠奪其資源，將其公部門私有化。

在我這輩子的大半時間，這些國家——阿根廷、玻利維亞、巴西、智利、厄瓜多、尼加拉瓜、巴拉圭、薩爾瓦多、烏拉圭、委內瑞拉——個個都曾遭高壓政權和殘暴獨裁者統治，且往往有美國中情局在背後支持。那些非民選的官員，幫助金權統治集團掠奪他們國家的資源。如今，不到十年，全然改觀。人民發聲。他們透過民主選舉和平選出總統，而那些總統知道改變的關鍵，在於認知到資源的價值，認知到人民有權利從那些資源獲益，以及認知到他們有責任以有益於後代子孫的方式使用那些資源。值得一提的是，這些領袖還了解企業的威力；他們知道為使人民領會他們的目標，他們必須鼓勵或逼迫企業改變其最根本的目標。

拉丁美洲這些新領袖已為新經濟開啟了大門，從中並為如何兼顧良性資本主義（生產世人真正需要的東西）和良性企業目標（在創造永續、公平、和平的世界下追求獲利），為我們其他人指點了一條明路。

涼風吹過馬納瓜湖面，受汙染湖水的惡臭，這時變得無法忍受。史蒂芬和我轉身走回車子。穿過那坑坑巴巴的混凝土路時，我們哀嘆在自己一生中環境所遭到的嚴重破壞。

開車走在馬納瓜街上，駛往我飯店的途中，我一再思索：我們真正要做的乃是揚棄作為我們當前經濟之特色的極端功利主義和軍國主義。我想起已有一些很漂亮的範例，可說明那種經濟可能的面貌。其中一個位在安地斯山區高處，其他則位在我們自己的後院，在芝加哥、丹佛、舊金山、西雅圖、華盛頓特區之類的地方。

第二十一章　綠能市場

奧塔瓦洛（Otavalo）是個風光明媚的山城，高踞在厄瓜多的安地斯山上，海拔超過兩千四百公尺，位在赤道北方只幾英里處的山谷裡，山谷是當地人視為聖山的三座火山所形成。它是原住民奧塔瓦洛族的家園，該族的歷史比印加人還悠久，以音樂家、織工、薩滿而聞名。

豪爾赫・塔馬尤（Jorge Tamayo）是其中一位薩滿，他的兒子是我的教子。有個晴朗的早上，我和他在市場閒逛。稀薄的安地斯空氣，瀰漫著燒木頭的煙味。當地樂團用排蕭、笛子和鼓奏出的憂鬱音樂，與織工叫賣套頭毛衣、披肩、披風、掛毯的喊聲，每一樣都爭著要吸引我們的注意力。織物就掛在攤位上和攤位之間拉起的繩子，顏色絢麗，五花八門，讓人彷彿走在彩虹之中。

「毛來自我們的綿羊和駱馬，」豪爾赫解釋：「每樣東西都是自己家裡做的。」他停下來與一名老婦聊天。老婦身穿裙襬及於涼鞋的傳統深藍色直統裙，繡有紅、綠花卉圖案的白色短上衣，金珠項鍊繞過她的喉嚨好幾圈，涼鞋以龍舌蘭纖維織成。「這是妳自己做的嗎，老婆婆？」他問，拿起一件紅邊藍披風，遞上來給我端詳。

她滿布皺紋的臉綻放出笑容，露出金牙。「我女兒做的，」她得意地說：「近來我的眼睛變差了。販賣的事大部分由我來做。我的小孩和孫子照料牲畜，也是織工。」

我一直在找件南美披肩好送給朋友，眼前這件正合我意。豪爾赫與老婦殺價之後，我買了下來，我們兩人繼續往前。「我去你的國家時，」他說：「常想起這個市場。」他有美國簽證，去了新英格蘭地區，他的薩滿本事和對安地斯傳統習俗的了解，在該地區很受歡迎。「那裡人人談到環境問題，要我別買某些產品，因為那些產品是受到不當對待的人所製造。」他停下腳步，四處張望。「在這裡，我們不必擔心這個。」

我告訴他，我有同樣的感受。自一九六九年第一次來奧塔瓦洛的市場，我就對該市場商品的品質，以及商品全都出自當地人用當地材料製成一事印象深刻。但近年來，情況開始改變。這時候，有些攤位會販賣從祕魯乃至亞洲進口的東西。而同時，我的國家也開始改變；鐘擺似乎已開始往另一邊盪去。

我說：「下次來美國時，我帶你去類似這個地方的市場逛逛，類似的不是他們賣的東西或那些東西的樣子，而是想法。」我心裡想的是每年在芝加哥、丹佛、舊金山、西雅圖、華盛頓特區舉辦的「綠節」（Green Festivals）。

綠節是全球交換（Global Exchange）與綠色美國（Green America）共同籌辦的活動，有超過三百五十個注重環保的商家參與，販賣的商品從有機身體保養液、網球鞋、衣服，到公平貿易食物和以可再生資源製成的家用及園藝產品，琳瑯滿目。只有承諾以永續手法經營的商家，才有資格在綠節擺攤。通常，在上述任何城市，都有超過兩萬五千人前來參觀。除了攤位，還有其他活動，包括商界領袖、作家、教育人士演說，工作坊，影片放映，為兒童設計的活動，有機啤酒、葡萄酒、美食與現場音樂演出。

湯姆．哈特曼是最近某場綠節的演講者之一。他寫了十餘本書，包括《古老陽光的末日》（*The Last Hours of Ancient Sunlight*）、《傑佛遜會怎麼做》（*What Would Jefferson Do*）、《門檻》（*Threshold*），並主持空中美國（Air America）電臺的一個廣播節目。他演說時指出一個叫我特別折服的道理，一個在《門檻》裡也談到的道理：

> 我們現代的消費性社會，在某種層面上建立在一個真相和一個謊言上。真相是你如果生活在安全、安定的門檻以下，一點點「東西」就能大大改變你的精神、心

情與生活品質……

謊言則是我們文化的害人誘惑。那個謊言主張：「如果那麼多的東西能帶來那麼多的當下幸福，那麼十倍多的東西，就會帶給你十倍的幸福……」[1]

這似乎是對那兩種市場的貼切評論——前一種市場位在西半球某個最貧窮的國家，後一種市場則位在富裕而追求物質享受的美國城市裡。

＊＊＊

有一次我在某場綠節演講完後，被人拉到市場裡的書店。我與其他幾位作者一同坐在長桌後，替書簽名。那是與民眾閒談的絕佳機會。他們發問，有時對我掏出肺腑之言。他們的話往往反映湯姆．哈特曼的觀點。他們說，我們必須知道，我們美國人少掉許多東西照樣可以過活，而全球各地則有人需要更多的東西才能活下去。我們應讓挨餓、絕望的人得到較公平的分額。

簽書會後，我逛了市場。端詳食物、衣物、鞋子、電器時，我總是驚嘆於人們的奇慧巧思。可以確切地說，綠節和美國各地的其他交易會及市場，正在創造一種新經濟；我們就要打造出一個影響深遠的全球市場。

我也意識到人可以有所作為，就像創立「綠色美國」（前Co-op America）的德尼茲・哈姆勒（Denise Hamler）、艾莉莎・格拉維茨（Alisa Gravitz）、保羅・佛洛因利希（Paul Freundlich）；創設「全球交換」的凱文・達納赫（Kevin Danaher）、美狄亞・班傑明（Medea Benjamin）、克爾絲登・莫勒（Kirsten Moler），還有正在全球許多城鎮籌辦綠色市場的數千男女。新思維與新創意正滲透人心。這個趨勢明顯可見，可由下列事實看出：上海公路旁栽種的樹木，還有中國承諾以電動車取代耗油車的決心；洛杉磯港購買由富創意的巴爾孔公司（Balqon Corporation）開發出來，能拉動六萬磅貨櫃的電動卡車；[2]孟加拉的鄉村能源公司（Grameen Shakti Corporation）致力於將孟加拉改造成全球第一個靠太陽能驅動的經濟體；美國TerraCycle公司利用餅乾與糖果包裝紙、薯條袋、飲料罐等「廢物」製造出各式商品；玉星（Jade Planet）利用廢棄塑膠袋製成別致的皮包和鞋子；還有其他許許多多商品和服務正加速度地成為經濟的一部分。

最近，有位來自華盛頓大學的學生提醒我，當年推廣汽車時，我們城裡的街道上充斥馬糞，城郊的農民則拚死拚活蒐羅草料，不讓馬兒斷糧。「當時汽車被譽為讓我們擺脫汙染與食物短缺的救星。沒有哪個辦法永遠有效！」

還有一位學生坦承，她得在大企業工作幾年，才能償還助學貸款。「但接下來，」她露出燦爛笑容說道：「我要成立一家公司，公司的獲利將來自清除掉兩年前我在太平洋上坐船經過的那些浮動垃圾島。」

最近兩個月，我在厄瓜多、冰島、巴拿馬、中國，還有美國各地，都聽到類似的主張。去年，我在其他一些國家也聽到類似的主張。這些是我們未來的主張，發自正帶領我們的經濟偏離掠奪性資本主義，以進入活潑新資本主義之人。

新經濟將把製造武器的錢，引去創造能使地球變和諧的商品和服務；新經濟將把開發化肥、殺蟲劑、基改作物的資金，轉移去施行能催生在地有機農業技術、能使飢民餵飽自己的體制。新經濟將獎勵那些淨化尼加拉瓜湖泊、使嚴重損毀的婆羅洲森林重現綠意、為利用可再生能源而開發新技術的公司；新經濟將除去我們家中沒必要的東西——除了使一些有錢執行長更有錢，此外別無用處的瑣細飾物和小巧裝置——而代之以能改善生活的東西。新經濟將帶我們揚棄鼓勵人剝削他人的不成熟心態，轉而擁抱我們共同生活在一顆脆弱星球上而休戚與共的認知；新經濟將催生出更有效率的商品與服務配銷方式，同時消滅掉引發今日世界大部分暴行的可怕苦難。

推動這種新經濟的人，乃是今日的企業家。他們會闖出一片天，他們是好的管理者，會成為明日的英雄。

第二十二章　良好管理，新偶像

我是在新罕布夏州長大，那時我心目中的英雄跟我認識的人一樣，乃是使後代子孫享有更美好生活的人。我的友人和我都想效法華盛頓、傑佛遜、湯瑪斯．潘恩（Tom Paine）、哈麗特．塔布曼（Harriet Tubman）、愛迪生、愛默生、哈麗特．史托（Harriet Beecher Stowe）、南丁格爾、伊莉莎白．史丹頓、蘇珊．安東尼，以及艾森豪等軍人。我們欽佩他們，不是因為他們住豪宅或家財萬貫，而是因為他們獻身於崇高目標。

上歷史課時，老師教我們，洛克斐勒和J．P．摩根之類人物雖然為工業化鋪了坦途，但他們不是我們應效法的那種人。他們被描述成貪婪、卑劣、自私之徒。

一九六〇年代末期，亞什頓教授及其商學院同僚在課堂上說道，企業高階主管是負有保障企業長期利益的受托管理者時，為這些信念提供了依據。大蕭條後施行的那些法令，將上述觀念化為條理井然的規定。如果最近幾十年美國依舊尊崇這些信念，我們就不會受苦於今日的經濟災難。遺憾的是，權勢人物和利益團體把我們推往相反方向，而我們心甘情願往那個方向走。

我們崇拜冷酷無情的房地產開發商川普（Donald Trump）和奇異的前董事長兼執行長傑克・威爾許，視他們為偶像。川普在電視上公開推崇解雇與羞辱人的行徑，威爾許則曾自誇資遣四分之一的奇異員工，同時讓自己領得數百萬薪水和紅利，還否認製造二氧化碳汙染的產業正嚴重衝擊環境。我們把億萬富翁的臉放在雜誌封面上，稱頌他們捐款行善，卻未費心去指出他們藉由擊垮競爭者，賺進數倍於那筆捐款的財富。我們觀看介紹富人與名人的節目，從而在無形中告訴自己的下一代，應該效法他們住豪宅、搭私人客機，而不顧在這個過程中環境與社會受到何等傷害。我們在自家車子的保險桿上，貼上「死時擁有最多玩具的人就是贏家」（He who dies with the most toys wins.）的貼紙。

過去四十年，我們發出支持現代版強盜資本家的強力訊息。我們告訴企業高階主管，希望他們提供便宜的商品和高投資報酬率的股票，還酬賞那些不計成本將獲利最大化的執行長。

那是我們真正想要的嗎？

種種跡象顯示那並不是我們真正想要的，至少已不再是。二〇〇八年的美國總統大選，體現了此一轉變。約翰．馬侃（John McCain）能成為共和黨的總統候選人，主要原因之一乃是他多年來被視為「黨內特立獨行的怪咖」，正派、正直、無私之人，遭北越俘虜期間，曾選擇留在戰俘營，而不願因為自己父親是海軍將領，而早於同袍獲釋。選戰期間，有人想誘使馬侃聲明，歐巴馬若當選，國家將一蹶不振，但馬侃不肯。歐巴馬最終獲勝，主要因為他的政見提出了與共和黨不同且更為崇高的遠景。

近些年，我們見到許多令人振奮的發展趨勢。消費者已開始發出否定舊趨勢的訊息。我們開始表示，希望領袖不要只著眼於獲利，希望領袖提供能孕育出更美好世界的商品和服務，也已有許多企業開始做出回應。

Whole Foods與Publix's Greenwise之類公司的商店已證明，販賣有機食品可以獲利。丹麥製藥公司諾和諾德（Novo Nordisk A/S）矢志讓糖尿病從世上絕跡。智利的努耶瓦集團（GrupoNueva）矢志創造永續發展的拉丁美洲。鄉村達能食品公司（Grameen Danone Foods）在孟加拉提供窮人買得起的營養品給營養不良的孩童，為那些孩童的父母提供就業機會。這家公司是達能集團（Groupe Danone）和鄉村集團（Grameen

Group）各持股五〇%成立的合資企業，達能集團是營業額一百六十億美元的跨國優格製造商，鄉村集團則是諾貝爾和平獎得主穆罕默德．尤努斯（Muhammad Yunus）所創立之鄉村銀行（小額放款銀行）的分支機構。Google.org已開風氣之先，展開「營利性慈善事業」。經營權屬於會員的合作社，最近已普及到全球，會員人數超過八億，比一九八〇年代時成長了一倍。

我們已準備好進入新時代。愈來愈多人認知到，不該再尊崇那些使貪婪、追求物質享受的心態繼續大行其道的人，不該再購買以那些人的臉為封面的雜誌，不該再看那些想讓我們相信掠奪資源是值得敬佩之事的電視節目。

當前，已該把《財星》五百大企業排行榜，改成對地球和後代子孫貢獻最大的企業與非政府組織英雄榜。

二〇〇五年，到商學院演講時，我趁著演講前與MBA學生一同用餐的機會，問他們有何生涯規畫，結果幾乎每個人談的都是賺錢和掌權。二〇〇八年秋和二〇〇九年上半年，我沒有聽到學生這麼說，不管是史丹佛、哥倫比亞、華頓、密西根大學、俄亥俄州立大學、波士頓大學、哈佛、安條克（Antioch）或中歐國際工商學院的學生，都沒有。我也沒有聽到奧立佛學院（Olivet College）、雷吉斯大學、聖約翰大學、威廉．

佩特森大學（William Patterson University）、威明頓學院（Wilmington College）的大學生，表達這樣的想法。只三年時間，態度就變了。與我聚餐、開會的學生，無人將賺錢或掌權列為人生目標，反倒表示想幫忙打造更美好的世界。

他們之中許多人問道，我們為何不要求電視臺將更多黃金時段，用於播放以創立和經營非營利組織者為主題的節目。他們建議這類節目可以納入職場陰謀、情愛、性、在奇特地方的冒險，以及比川普有趣得多的特立獨行之人。幾名學生指出，最近大量冒出的「美國偶像」之類選秀電視節目大受歡迎，完全是因為它們讓有才華而沒沒無聞的人受到肯定。從某個方面來看，它們是一九四〇、五〇年代大受歡迎的泰德．麥克（Ted Mack）的「業餘本色時刻」（Original Amateur Hour）、亞瑟．高佛瑞（Arthur Godfrey）的「星探」（Talent Scouts）節目的翻版，而在那個年代，我們似乎較看重普通人。有些學生告訴我，他們正考慮加入和平團或美國志工團（AmeriCorps），或正打算到非營利組織當一、兩年志工。

我們可以理直氣壯地說，一國的價值就反映在該國所崇拜的偶像上。如果此說成立，就可以說明保護無力民眾免受持槍歹徒和惡霸牧場主欺凌的牛仔英雄，為何在第二次世界大戰後大受歡迎。也可以說明在經濟學理論大師將企業的唯一目標限定在追求最大獲利時，為何我們執迷於賺錢。以下的推論或許也是對的：我們所選擇崇拜的英雄，將引領我們的年輕人在人生規畫上做出什麼樣的決定。如果我們認為這兩者都對或其中之一是對的，就能理解當前為何該推崇那些主張以慈悲心看待世界的人。

值得注意的是，引領拉丁美洲進入這個新時代的諸位總統中，有兩位是女性（阿根廷與智利總統），其中許多男性總統已承諾大量啟用女性出任政府官員，還有，在二〇〇八年的美國總統大選中，希拉蕊角逐民主黨提名，莎拉·斐琳（Sarah Palin）則是共和黨的副總統候選人。統計資料顯示，在大部分例子裡，當女人掌握大權時，都較著重於教養培育的層面，而把窮兵黷武的層面放在其次。警察與國防預算降低，暴力與犯罪率也降低。

在《女人、權力、和平生物學》（*Women, Power, and Biology of Peace*）中，茱迪絲·韓德（Judith Hand）博士指出，男人往往將戰爭視為散播自己精子的機會（他們的生物使命之一）；另一方面，女人將戰爭視為對家庭、穩定、育兒的威脅。女人希望和平與穩定。韓德博士主張，為讓我們擁有更和平的社會，女人得有更大的決策權。

莉安·艾斯勒（Riane Eisler）的《真國富論》（*The Real Wealth of Nations*）斷定，在女人被尊為領袖且女人占政府官員比例較大的社會，例如北歐某些國家的社會，用於健保、完善托兒服務、教育、優厚育嬰假的經費較多。她表示：「女人的地位與權力較高時，該國的生活品質也較高，反之較低時，整體生活品質也較低。」[1]

要放棄對有形財富與獲利的執著，提升自己到更富同情心的世界觀，就必須擁抱可催生和平社會與永續經濟的女性特質。未來，我們文化的偶像中，女性會變多，男性也會較多反映出有涵養的領導能力。

我們應扭轉突變種資本主義病毒感染我們經濟的過程，應該進一步推動最近的發展趨勢，讓領導者知道我們真正想要的是有益健康的食物、乾淨的水和空氣、便利的健保、退休後生活無虞的保證、保護我們與保障我們權利的司法體系，簡而言之就是和平、公平、永續的世界。我們是為了自己，為了後代，為了地球上的每個人而有如此的想望，尊崇並獎勵為達成這些目標而奮鬥者的時刻已經到來。

這類領袖會了解，為保護我們免遭導致當前經濟危機的惡行傷害，必須恢復相關的防制規定。他們還會認識到當務之急不止於此，認識到還必須制定前所未有的管理規範，而這些規範的首要事項就是為未來建立永續的環境與公正、和平的世界。

第二十三章——商業與政府治理的新規則

我曾和夏凱姆（Shakaim）與特威察（Twitsa）這兩位舒阿爾人，一起徒步走進厄瓜多南部的庫圖庫（Cutucu）山脈裡。我們費力爬上泥濘的山坡，涉過及肩的河水，奮力穿過橫倒在路徑上的巨大絲棉樹的粗大樹枝。

最後我們站在聖瀑布下方。瀑布水從氤氳的水氣中直瀉而下，因此有了舒阿爾人傳說中生出最早一對男女的彩虹。那天傍晚，同伴教我尊崇聖水的傳統儀式。晚上，我們裹著毯子，躺在臨時搭建的簡陋披棚裡，靜靜傾聽一隻美洲豹經過時的狺狺聲。

隔天下午返程途中，距他們村落只一小時行程時，夏凱姆舉手示意我們停下。他和特威察走到小徑外，蹲在一株小植物旁端詳那植物，交談了一番。

夏凱姆將雙手窩成杯狀，圍住那植物，輕輕吹。特威察　頭看我。「病了，」他解釋，指著葉子。

「昨天走過這小徑時，」夏凱姆補充說：「它還好好的。」他站起身。「得把這事報告長老。」

他們繼續上路；我站在那裡呆呆望著那株植物。我看不出它有什麼奇怪，不解他們為何注意到它。兩片葉子變褐色，掉落地面，但那似乎不值得大驚小怪。

那天晚上，我給上了一堂課。

夏凱姆、特威察、他們家人和部落裡的其他成員，圍著火堆開會。他們詳細描述了早上我們前往瀑布時那株植物的狀況，還有接下來三十六小時期間所發生的變化。接著是冗長的討論。與會者特別注意一位老婦的一舉一動，那老婦以能調製藥草而備受敬重。她表示那株植物傳達了一個訊息：那條小徑使用過度。

眾人投票。有幾人指出生病可能出於其他原因，但還是做出一致的決定。如果有可能是人為造成，就得著手補救。新規定出爐，要全部落的人遵守。那條小徑不得再使用。

在用來舉行儀禮的木屋外，夏凱姆與我站在空地上，仰望星空。「真有意思，我們的管理辦法和你們的差異那麼大，」他說，彷彿在我有機會發問之前，就已聽到我心中的疑問。「神父制定規則，規範誰可以有性行為。學校規定學童得穿鞋。」他停住。

「但他們卻不管交配季節時不該殺鳥，或植物生病時該廢掉小徑。」他指著天空。「你想，把那些星星放在那裡的神，如果和神父、學校一樣短視，那些星星會存在多久？」

一個月後，我回到美國，正值政治人物與媒體辯論是否應限制企業的溫室氣體排放，那時我想起那段經歷。反對的一方主張，沒有絕對的證據證明二氧化碳造成氣候改變。舒阿爾人與美國的領袖對待世界的方式，差異鮮明。那個「原始」雨林部落不要求百分之百的確定。他們不會含糊其辭掩飾短期的不便，也不會顧慮短期的不便而不做該做的事。如果當前的作為可能危害後代子孫，他們便祭出規定禁止。

隨著人口與經濟成長，人可能會希望規範我們與環境、社會之關係的法令更為嚴格。鑑於資源需求升高，要國際管理機構負起確保資源得到明智分配的責任，也就合情合理。從理性的觀點來看，防範恣意破壞和攸關我們生存的東西遭耗盡，理當列為最優先事項。但實際發生的，與此正相反。

最近幾起醜聞——始於安隆、繼之馬多夫和金融圈許多地方—證明我們最尊敬的高階主管，有許多人行事不負責任。這些醜聞和同時發生的經濟動盪，說明我們禁不起將資源和我們下一代的未來，交由不受管制的唯利是圖者管理。削弱原本用來保護公共利益的組織和法律，已造成大禍，最明顯而棘手的例子（前面討論過的例子）包括：

- 解除能源、運輸、通訊、銀行、金融、保險部門的管制
- 廢除高利率上限
- 接受未納入外部成本的不實決算標準
- 創立助長恣意掠奪惡行的國際協議，例如北美自由貿易協定、中國東協自由貿易區、全球各地其他「自由貿易」區
- 強迫他國接受結構調整方案，造成那些國家的資源落入私人之手

套用舒阿爾人的表達方式，這些事實表明我們已殺掉交配的鳥，繼續使用逐漸摧毀生態系的小徑。

所幸這些災難性後果已開始逼我們去了解自己的愚蠢。甚至有些最保守的經濟學家，現在都斷言解除管制和賦予企業前所未有之自由的其他做法，乃是這場自一九三〇年代以來最嚴重衰退的禍首，他們也斷言管理企業的那些規定有其不可或缺的功用。這些管理辦法並未抑制經濟成長，反倒確立長期成長的空間。

我們已了解高階主管是人，會禁不住濫用權力的誘惑。另一方面，歷史已表明當有

明文規定要求為公共利益服務時，企業和老闆才會這麼做。

最了解這點的公眾人物，或許非老羅斯福總統莫屬。他於金融崩潰爆發後的一九〇一年當上總統，而那場金融崩潰肇因於企業的姿意妄為、大規模合併，以及那些致力於解除管制並如願以償的強盜資本家。老羅斯福解散獨占性企業，使國會通過管理鐵路與其他產業的法律。

對那些未把公共利益放在心上的政界與商界領袖，老羅斯福幾乎是絕不寬容。在一九〇三年的勞動節演說中，他說：

有些人無意公平對待包括富人和窮人在內的所有公民，反倒致力於為特定階級、為與其他人利益相牴觸的該階級利益服務，這個共和國的喪鐘早已在權力落入這些人之手時敲響。[1]

他認知到企業未受管束的危險，認知到一心只想擴張自己權力與獲利的高階主管之危險。替老羅斯福立傳的普立茲獎得主愛德蒙．莫里斯（Edmund Morris），曾推斷今日若是他當美國總統會怎麼做：

他應該會對微軟有所處置，因為他自進入政壇就一直痛恨壟斷。一百年前沒有托辣斯的規模大到像蓋茲先生的帝國那樣，但一九〇一年的北方證券合併案，創造出世上最大的聯合運輸企業，控制了從芝加哥到中國的商業。

老羅斯福將該企業分裂為數個小公司，使他以身為美國個人企業對抗「家財萬貫的（企業）壞人」的健將形象，頓時更為鮮明。[2]

但老羅斯福知道箝制貪婪的企業經營者只是第一步。管制過程不該只做到這一步。除了必須按輕重緩急救治國家的經濟弊病，他深信政府有責任保護後代子孫。他要求推動全國健康計畫，並主張以一套辦法來確保人民將永遠是國家自然資源的受益者。他創立森林局，成立五座新國家公園、十八處名勝古蹟區、數百萬英畝的國有森林。舒阿爾人若得知此事，肯定會拍手叫好。[3]

如今我們認識到老羅斯福當時所知道的道理，即要從嚴重的經濟亂局中復甦，需要長遠的創新。解決辦法中必須包括能沿用到未來數十年的因應之道。

恢復從一九二九年金融崩盤以來保護我們超過半世紀的那類管理辦法，乃是最基本的作為。但這還不夠。世界已大不同於一九三〇年代經濟大蕭條之時。全球人口已增加超過兩倍；消耗資源的速度愈來愈快，汙染、毒性、物種滅絕的速度亦然。有船員在海洋中央發現龐大的垃圾堆。太空人在外太空遇到垃圾堆。每個生命系統都在衰退，而且是以愈來愈快的速度在衰退。如今棘手的難題紛至沓來，我們已置身在災難邊緣。

我們需要現代版的葛塞法案、銀行控股公司法和其他許多於一九八〇年之後廢除的法令，但絕不可就此滿足。美國需要一套全新的規定和管理辦法，以確保我的孫子和世界各地與他同一代的人，享有永續、公平、和平的世界。美國理當擁有一種納入外部成本的決算制度，藉此使最富社會責任感與環境責任感的企業，在與其他企業競爭時享有優勢，而不致讓其他企業享有優勢。

潛伏在這場經濟危機底下的腫瘤，光靠處理掉銀行業、保險業與汽車業的問題，並無法治癒。一如已割掉罹癌的肺，但若想保有健康就得戒菸的病人，我們的長期健康有賴於解決隱而不顯的病因。我們必須將不顧環境與社會成本以追求最大獲利的心態，掃進歷史的垃圾堆。

歐巴馬當選總統，表示過半選民唾棄已宰制美國政策超過三分之一世紀的那些原則。他要求制定「信用卡持有人權利法案」，以更嚴格規範信用卡業，要求對汽車廢氣排放和油耗施予更嚴格的規定，要求成立新的管理委員會，以監督金融產品和包括銀行、提供抵押借款者、共同基金在內的金融服務機構。這些措施全表示觀念上的重大轉變。

危險在於我們會陷身於有關這些問題和其他聚焦於當前經濟危機之問題的辯論中，以至忘了處理體制上的問題。若說由於黨派政治和特殊利益團體作祟，使得我們未能施行將讓我們一勞永逸擺脫突變種病毒、轉而提供良性資本主義的那類法律，此事並非不可能。

我們絕不能讓這種事發生。我們禁不起因受騙而自滿所帶來的後果。我們也不能因為看到「好轉」的跡象（例如股價短暫上揚、油價下降、受金援的銀行償還借款）而鬆懈，以為情勢已恢復「常態」。我們得謹記，就是「常態」帶我們陷入這場災難，除非有所改變，否則即使有可能短期復甦，「常態」仍會迅速把我們推進更嚴重的災難中。在舊「常態」下，全球五%的人口消耗地球四分之一的資源，一半地球人口則瀕臨挨餓，這種「常態」必須揚棄，代之以新的「常態」。地球大聲叫喊，要我們大膽改變。我們——選民、消費者、將有下一代得承受當前政策之後果的人——應該堅持要我們的領導人挺起腰桿，做領導者應做的事。

我們大部分人把制定規則與管理辦法，視為民選官員的職責。理論上這沒錯，但那些官員希望我們指引他們的決策。身為消費者，讓企業知道我們需要較良善的管理，乃是我們的職責。身為選民，要求立法保護我們和我們的後代，使他們免遭今日帶給全球各地許多苦難的惡行傷害，乃是我們的責任。

我們有力量實現這個理想。唯一條件是我們得把重點放在自己個人的熱情和天分上。

第二十四章　尊重你的熱情

如果Politico.com網站上有更多空間，我會說說我在白宮與希拉蕊會晤時，她告訴我的一件事：一九三四年小羅斯福總統會見勞工領袖，經過四小時會談，他說道：「你們已說服了我。接著，請到外面，逼我去做。」希拉蕊向我解釋，小羅斯福的意思是，要總統維持現狀的壓力以及國內商界與政界上層人士的勢力極大，因而即使總統想改革，仍需要得到來自改革陣營而同樣有自己強烈主張的聲音援助，推他往他想走的方向前進。

——來源：〈來自麥可．勒納拉比的短箋〉，標題為〈歐巴馬的非意識形態務實作風會招致適得其反的結果〉[1]，探討他於二〇〇九年五月二十日刊登於www.Politico.com上的一篇文章。[2]

貫穿這本書的基本觀念之一，乃是我們人民必須讓改變發生。我們必須靠自己來創造一個永續、公平、和平的世界。希拉蕊向麥可．勒納（Michael Lerner）拉比所表達的觀點，正是如此。我們不能坐等歐巴馬總統或其他人來救我們。我們的政治領袖希望我們要求他們做該做的事。

林肯在蓋茲堡演說中，以雄辯的口吻告誡大家：「民有、民治、民享的政府絕不會從地球上消失。」這樣的政府需要公民積極參與，否則就會敗亡。

適用於政治人物的道理，用在商界領袖上同樣說得通。他們可能會想透過多種促銷手法影響我們的購物習慣，但最終做決定的是我們。他們生意的成敗，端視我們的作為。小羅斯福針對工會該如何催促——幫助——他所提的建議，也適用於我們和企業高階主管。我們該聽從他們的請求：「逼我去做。」

這裡面有一項不可或缺的要素：熱情。那些勞工領袖要能說服小羅斯福，必須有熱情驅動他們。林肯認知到他得激發全國人民的熱情，他的著名演說以激動呼籲人民慷慨行動作結：

在這裡，我們應該獻身於留給我們的偉大志業——我們要從這些英魂那裡汲取崇高的獻身精神，來完成他們徹底為之奉獻的大業——我們決心不讓這些死者白白犧牲，要使這國家在上帝庇佑下得到自由的新生。

綜觀歷史，熱情舉足輕重。它打贏美國獨立戰爭，在諾曼第登陸戰中得勝，激發民權運動。「熱情」（passion）的定義是「強烈或讓人無法抵禦的情緒，例如愛、喜、恨或怒」（Encarta世界英語辭典）。對身為獨立個體的每個人來說，重點在於認知到自己的熱情，不管我們認為那熱情是正面的（例如愛和喜）或負面的（例如恨和怒），然後將它們產生的能量用於可實現我們理想的方面。舉個例子供參考：

雨林行動聯盟（Rainforest Action Network）已說服世上一部分最有影響力的公司——包括美國銀行、波伊西、花旗集團、摩根大通、家得寶（Home Depot）、金克、史泰博（Staples）——改變其伐木政策。幾年前，雨林行動聯盟槓上三菱企業集團——據認當時世上砍伐熱帶森林最兇的企業集團之一。三菱的一名高階主管與雨林行動聯盟創辦人蘭迪・海斯（Randy Hayes）激烈交鋒。

最後雨林行動聯盟獲勝。三菱企業簽署協議，承諾投身於「生態永續和社會責任」，並保證施行十四項具體措施，以實現該承諾。

幾個月後，我參加位於加州的一場週末研討會，那位三菱高階主管和蘭迪也是與會者。初見面，兩人相當不自然地寒暄，然後刻意避開對方。週六傍晚，蘭迪和我決定上去可俯瞰太平洋的懸崖頂上泡澡，喝喝啤酒，談談彼此在亞馬遜流域的冒險活動。到了崖頂，赫然發現已經有人在那裡。

那位三菱高階主管從滿是氣泡的浴池裡起身，難為情地咧嘴而笑，舉起啤酒罐，邀我們一同泡澡。

我得承認當時我很緊張。那時，我位在太平洋岸邊的高崖上，除了曾激烈交手、這時光著身子在熱浴池裡泡澡喝啤酒的那兩位之外，只有我一人。我不曉得接下來會發生什麼事。

簡單談過研討會的事後，三菱主管舉起啤酒罐對蘭迪說：「我得謝謝你。」他接著解釋，他和三菱公司裡的其他人原本就想改變公司的森林政策，但遲遲不敢動手，因為怕丟掉飯碗。「你們的抗議人士和廣告，加速這個問題的解決，」他接著說：「有人指出我們的責任不該止於今日的股東，還應包括股東的小孩、我們的小孩。雨林行動聯盟給了我們機會。我們說服自己，說服公司，做該做的事。」

我們三人聊天時，那位高階主管一再提及雨林行動聯盟成員的熱情。「那是最教我印象深刻的地方，」他說：「那些人，不管是年輕人或老人，那股衝勁，那股熱情！我們全感受到了。那會感染人。」

那些志工裡，有許多人對於三菱砍伐森林極為氣憤，但他們並未把這股「負面」情緒發洩在破壞上（例如朝企業總部丟土製炸彈），或自暴自棄上（例如用毒品或酒麻醉自己），而是將集體的情緒灌注在完成理想的活動上，他們的幹勁說服了世上最大的企業集團之一，使該集團改變了政策。

自那之後，我聽到許多類似的事。一個人的熱情能促使其他人改頭換面，或者就高階主管來說，能使其企業改頭換面。當其他人或高階主管，內心深處懷著想改變的念頭時，這一點尤其真切。而今我們全都知道，我們想要打造一個與現今掠奪性資本主義世界大不相同的世界。不管是在白宮或企業董事會裡，擁有決策權者都不希望佛羅倫斯因氣候暖化而沒入海裡；也不希望見到資源遭恣意耗用、勞工遭惡意對待，以及肇因於汙染的其他任何弊害。但若沒有人推他們一把，他們會覺得無力。消費者與倡議分子衷心地投入，乃是使他們毅然決然行動的關鍵。

「熱情改變了我的一生，」琳・特威斯特（Lynne Twist）告訴我們一群人。她著有暢銷書《金錢靈魂》（*The Soul of Money*），並創立「金錢靈魂」協會，該協會的宗旨乃是使人得以用他們最強烈信持的價值觀，重整金融資源的取得和分配。她在自身熱情的鼓動下，二〇〇八年初偕同夫婿比爾搬到厄瓜多。一九九〇年代初期我帶他們兩人去過該國，他們因此創立帕恰瑪瑪聯盟（Pachamama Alliance）。那是與原住民密切合作的非營利組織，致力於保存地球雨林，為各地的人打造以公平和永續掛帥的新全球觀。她跟比爾及該聯盟在厄瓜多的職員，與厄瓜多政府和其他非政府組織合作，辦了一場成功的運動，使厄國的新憲法納入一項破天荒的法律概念：賦予大自然和自然環境基本權利。

四個月後的此時，琳．特威斯特已帶著一群該聯盟的支持者深入亞馬遜流域，與阿丘阿爾人（Achuar）一同慶祝新年；我們在河上悠閒地順河而下，看一群粉紅河豚在附近悠游。牠們圍攏過來似乎是為了打量我們。

「那麼多厄瓜多人的熱情，乃是這份驚人憲法得以誕生的推手，」琳接著說：「拉斐爾．科雷亞總統與原住民領袖的熱心、衝勁與才幹，締造出不折不扣的奇蹟，將為其他國家和後代子孫效法的奇蹟。」

若說熱情是每樁重大事件背後的推手，並不為過，熱情一直是推動歷史前進的力量。但要讓熱情真正發揮作用，還需要琳所提到的別樣東西：才幹。一如我們每個人都有熱情，我們也有特殊才幹：個人特質、技能、多年來發展出的能力。改變世界——或者達成任何事——的真正訣竅，在於以滿足我們熱情的方式運用自己的才幹。

拿我個人來說：我的寫作熱情始於我小時候住在新罕布夏鄉下，藉寫作來排遣孤單。我深深景仰有自己觀點的作家（例如潘恩、傑佛遜、梭羅）和我在報紙上讀到的許多專欄作家。我在進大學前的預備學校就讀時，成為校刊總編，為改變嚴格的校規抗爭過。我為自己學校，還有南非、塞爾瑪（Selma）、阿拉巴馬、印第安保留區境內的不公不義之事憤怒時，寫作給了我發洩怒氣的管道。寫作使我不致自暴自棄，轉而投入能促成改變的活動。如今，當我為推動有意義的目標而寫作時，覺得其樂無比。

熱情很有力量。它具有感染力，能夠驅動世界。人的熱情會迅速傳播到周遭。列出影響過你的人——文學家、音樂家、畫家、戲劇演員、運動選手或政治人物—你會發現他們都以促進自己熱情的方式應用了自己的才華。

滿懷熱情的一般人，也能成就不凡的大事。小時候住在新布罕夏時，我完全不知道在國內某些地方，非裔美國人上了公車得坐在後車廂，直到羅莎・派克斯（Rosa Parks）動員一場最後擴及全球的民權運動，我才知道。我完全不知道我們撒在屋後沼澤地上滅蚊的DDT，也殺死了魚兒、鳥類和松鼠，直到瑞秋・卡森（Rachael Carson）

寫出《寂靜的春天》我才了解。有個惡霸同學一直欺負我，我不敢反抗，後來因為三年級導師施內爾的一番開導，我才挺身反擊，從中領悟到何謂勇敢，領悟到絕不可讓做壞事的人逍遙法外。我直到受了高中英文老師理察．戴維斯的教導，才領會潘恩的《常識》（*Common Sense*）對美國殖民地開拓者有何等重大的影響。或者在聽過歷史老師傑克．伍德貝里的課之前，我一直不曉得如果輸掉獨立戰爭，喬治．華盛頓、約翰．韓考克（John Hancock）這兩位北美殖民地的巨富，會被當成叛國者吊死。

這些人都走自己的路。他們共有的特性乃是都有熱情，都是某方面的傑出導師；他們影響了人。有些人被寫進歷史書。至於那些沒有被寫進歷史書的人——施內爾、戴維斯、伍德貝里——我可以說，若沒有他們，我不會寫下這些章節。

我們可以慶幸，潘恩沒想過要帶兵，而華盛頓沒寫宣傳小冊。潘恩有撰寫宣傳小冊的熱情和才華，華盛頓則有帶兵打仗的熱情和本事。熱心的女人，例如華盛頓的妻子瑪莎（Martha），糾集婦女為前線戰士製衣。於是獵人成為軍中的狙擊手，漁民加入新成立的海軍。他們的作為一再激勵他人。他們都是導師，啟發後代子孫。

你也有熱情，還有才幹。你是導師，能啟發他人。每次你跟人說話、買東西（或選擇不買），或發電子郵件，都存在著機會。你透過言行教導他人。

你的問題在於：什麼是你的熱情？才幹？什麼能帶給你最大的成就感？滿足和喜悅？

不管你是學生、牙科醫生、水管工、家庭主婦或別的角色，都可以跟朋友、家人、客戶談論這些議題，加入能發揮你熱情的組織，發電子郵件，使用具環保與社會意識的物品，支持所作所為旨在造福後代子孫的政治人物，以購買力為選票，支持一心做該做之事的公司，完成在此之前一直只敢憧憬的目標。

這全都始於認知到自己的力量，始於認知到自己可以坐在巴士前部，可以激勵年輕人挺身對抗惡霸，可以談論我們建國先賢的勇氣。一如你個人崇拜的每個英雄，你有時遲疑，動搖，犯錯，並從錯誤中得到教訓。你也能改變世界。尊重自己的熱情，承認自己的力量。當你的熱情與才幹跟讀過這一頁的其他每個人的熱情與才幹結合在一塊，奇蹟就會發生。

我們可以共同創造一個沒有那突變種病毒的世界。一如羅莎·派克斯、瑞秋·卡森、潘恩、華盛頓夫婦、施內爾、戴維斯、伍德貝里、那些獵人和漁民，我們每個人都能走出自己的一條路。重點在於我們全得朝向同一個目標——永續、公平與和平的世界。

結論

一九七八年某個傍晚，我和奧瑪．杜里荷在巴拿馬的總統府外，沿著當年為防海盜攻擊而建的古城牆信步而行時，杜里荷教訓我：「你在亞馬遜混過，但若沒有一路披荊斬棘開路，穿過……」他指著海灣的另一頭，「達連缺口（Darién Gap），你不算真正體驗過叢林。」

除了水和迷濛低矮的海岸線，我什麼都沒看到，但我知道它就在遙遠的彼處，在我視線所及之外，一大片濃密雜亂的綠色叢林。那時候，達連缺口遍布高山與沼澤，將哥倫比亞與巴拿馬隔開，將南美與中美隔開。每個向我描述過它的人，口氣都帶著憂懼，都說那是有著可怕危險的濃密雨林，有致命巨蝮、美洲豹、鱷魚、帶敵意的土著出沒的神祕無人地帶，是從北阿拉斯加綿延到阿根廷最南端的泛美公路，唯一中斷的地方。

「就連諾瑞嘉，」杜里荷接著說，提到他的軍情局長：「都沒蠢到走進去。他在達連獵殺野豬，但是從直昇機上獵殺！」

如今，與杜里荷那場交談過了三十多年後，我正開車穿越「無法穿越」的達連，瞠目結舌於周遭的破壞景象。那是二〇〇九年七月，原覆蓋數萬平方英里的蓊鬱雨林已經消失，境內散落一塊塊牧草地，牧草地上住著骨瘦如柴的牛群。原本完全未遭破壞的河川，這時散發出牛糞的味道。遭侵蝕的山坡露出光禿禿的土壤。有人告訴我，那片連綿不斷的叢林，只剩下十二英里長的一塊地區，而不久後泛美公路很可能就會穿過那塊地區，將巴拿馬與哥倫比亞連成一氣。其他的叢林地區遭到牛隻牧場主和木材公司的蹂躪，其上的野生動物則被盜獵者屠殺。杜里荷死於暗殺，諾瑞嘉則在美國監獄裡日漸憔悴。

「到目前為止，那最後一塊地能保住，」我的司機兼東道主內森・格雷（Nathan Gray）告訴我：「全因為聯合國表示那是防止口蹄役從南美往北散播的唯一屏障。」

我透過擋風玻璃望向那片碩果僅存的叢林，逐漸消失於地平線的海市蜃樓。「掠奪性資本家所創造的世界的縮影，」我暗自低語。

內森瞧了我一眼，但什麼都沒說，一逕駕著他的四輪傳動貨卡，走在泥濘的泥土路上。我想起旁邊這位男子的作風，與那些掠奪性資本家正好相反；內森・格雷代表了新一類資本家，這類資本家正集體帶領我們遠離把我們帶到經濟崩潰懸崖邊的突變種病毒。他和其他人帶著火把，照亮一條通往以創造生態永續地球為準則的較良性資本主義的道路。

我想起另一天與杜里荷相處的情景。那時我們站在停靠於孔塔多拉島（Contadora Island）的遊艇欄杆邊，他向我提到一個詞，讓我覺得正可傳神說明把我們經濟帶向滅亡的那些人。他提醒我們若不擋住那些掠奪性資本家，全球市場將會休克，還說：「別受騙上當。」

那時我已墮入陷阱，我們大部分人都是。看來內森・格雷是少數從未受騙上當的人之一。

他在一九七三年與人共同創立Oxfam America，一個總部設在波士頓而備受肯定的國際援助組織。一九九〇年，他創立非營利組織「地球列車」（Earth Train）。地球列車是訓練年輕人領導能力的國際組織，旨在促進第三世界國家內部的社群發展，且曾開風氣之先，促成非營利與營利組織的合作，藉此向關心社會的投資人募款。二〇〇一年，他與雨林資本（Rainforest Capital）、關心社會的LLC投資公司、代表原住民文化的庫納族大會（Kuna General Congress）、由葛萊美獎得主巴拿馬爵士音樂家達尼洛・

佩雷斯創辦的達尼洛．佩雷斯基金會（Fundación Danilo Perez）、巴拿馬的生物博物館（BioMuseo），以及一些巴拿馬人，在達連省邊陲原本覆蓋雨林的地方，成立了馬莫尼谷保護區（Mamoní Valley Preserve）。

艾米利奧．馬里斯卡爾（Emilio Mariscal）輕拍我的肩。他坐在內森後面的兩人座車廂裡，是這個保護區的農林主任。他說：「那些人是我底下的一個造林小組。」他指著遠處彎著身子，輕輕將幼苗栽進土裡的六名男子。艾米利奧是備受敬重的森林與永續農業專家，從二〇〇二至二〇〇七年，擔任巴拿馬本土物種復原工程的實地統籌主任。這個工程是哈佛大學熱帶雨林學中心、史密森熱帶研究所、耶魯森林學院共同進行的計畫。

「你有多少造林員？」坐在艾米利奧旁邊的琳．羅伯茲（Llyn Roberts）問。她是「夢想改變」（Dream Change）的會長，「夢想改變」則是我於一九九〇年代初創設的非營利組織，旨在保存原住民知識，改變全球意識。琳．羅伯茲一直和亞洲與中南美洲的原住民一起生活、工作，在以轉變為題的研習班授課，著有幾本書，包括《好記性》（*The Good Remembering*）和《薩滿靈氣》（*Shamanic Reiki*）。內森請她和「夢想改變」幫忙創立「地球列車」的精神部門，使當地的原住民文化——恩貝拉（Embera）族與庫納族——得以列入其巴拿馬計畫。

「現在十二個，」艾米利奧答道：「我們今年要種三萬棵樹，全是本土種，將使這裡恢復到約十年前的樣貌。」

「那個凹陷處，」內森插話，指著我們左邊灌木叢生的牧草地裡一塊凹下去的地方，「原是布滿候鳥的濕地。樹木再度長起來後，濕地會重現，鳥就會回來。目前這塊保護區有一萬英畝，但最終打算將庫納族自治區裡擁有多樣生物的十五萬英畝土地納入保護。」先前在電話中，他已向我說明購買土地的資金來自民間投資。這個保護區採用的經營模式，結合了國際私部門的融資、社群開發、環境研究、草根組織，做法極具新意。

「我們不會把當地人趕離土地，」我們駛過坑坑洞洞的路面時，內森繼續說道。「我們不說教，而是以行動默默讓這些牛隻牧場主知道，讓土地回復為雨林，永續性販售雨林的天然產物——硬木、水果、蔬菜、蘭花、飾物、適於植作地被的小植物、生態觀光—他們獲利會更大。我們透過研究與教學機構馬德羅紐中心（Centro Madroño）樹立榜樣，甚至如果牧場主需要資金轉型，我們也提供資金。我們買地，但大部分是向長居外地的牧場主買地，而且只有在那是把牛趕走的唯一辦法才這麼做。我們的目標是幫每個人建立一個以森林和集水區為基礎的新經濟。」

內森把車停放在山丘頂上，指著下面美麗的馬莫尼河谷。「那是我們要建造叢林塢（Junglewood）表演暨視覺藝術中心的地方。」叢林塢是由「地球列車」、達尼洛・佩雷斯基金會與波士頓的伯克利音樂學院（Berklee College of Music）合資創立，大略仿效麻塞諸塞州西部伯克夏（Berkshire）山區的波士頓交響樂團夏季表演場檀格塢（Tanglewood）。「達尼洛希望將這地方打造成大自然的最佳熱帶排練場和兒童音樂營，而他的友人韋恩・修特（Wayne Shorter）和赫比・韓考克（Herbie Hancock）是決心協助他實現這個理想的幾位流行音樂人之一。」

他轉為四輪傳動模式，朝山脊盡頭駛去。「我們正聘請頂尖建築師和工匠，建造一個可讓卓然有成的藝術家與有才華的小孩跟大自然重新連結的地方。他們將前來這裡編出新曲，用音樂啟發與教導來自各地的人，扮演原住民和當地人之間的橋梁。今年晚一點，珍古德會前來造訪。她正考慮在巴拿馬設立一所機構培育師資。今晚你會碰到凱瑟琳・林德爾（Catherine Lindell）博士。她是密西根州立大學教授，正以這裡做為活實驗室，研究地被植物復原對鳥類行為的影響。」他咧嘴而笑。「你還不高興我把你拉來？」

他指的是我最初幾次拒絕他邀約。他第一次來電時，我正趕著要在八月期限前完成這本書，我的時程排得很緊，實在抽不出時間來一趟巴拿馬叢林之旅。內森向我保證，來了絕對不虛此行。

前一晚，在我剛抵達巴拿馬（我當經濟殺手時度過許多歲月的國家）後舉辦的活動上，內森的理想已得到肯定。「地球列車」為琳和我辦了接風晚會，會場位在巴拿馬市舊殖民城區他們辦公室的屋頂花園，距總統府和許多年前我和杜里荷悠閒走過的舊城牆，只隔了兩個街區。參加者除了達尼洛·佩雷斯和其他許多要人，還有庫納族酋長和非政府組織領導人。主辦單位播放幻燈片，讓我們了解新成立的「生命之橋」生物博物館。博物館將座落在地岬，是由世界知名建築師法蘭克·蓋瑞（Frank O. Gehry）設計的建築，該地岬曾是美國占領的運河區的一部分。

我們身後是船隻上的點點燈光。那些船停泊於港灣，等著從太平洋出航，穿過巴拿馬運河，進入大西洋。在我們前面是投影幕上一張張閃過的幻燈片，此時，博物館的行政主管利德·蘇克雷（Lider Sucre）告訴我們，巴拿馬在約三百萬年前誕生，成為南北美洲的生命之橋。在那之前，兩大洋是相通的。巴拿馬的誕生使一切全部改觀。兩座陸塊合為一體，兩個大洋分了開來。兩陸塊和兩大洋的動植物與環境，就此永遠改觀。全球洋流與氣候的改變，衝擊到整個地球。

那晚稍後，我走回下榻的公寓，走過古老曲折的街道時，庫納族某位長老的話在我腦海不斷翻騰。他說：「在巴拿馬，大造物主造了一座橋越過兩大洋。然後美國佬跑來，開鑿運河，在橋上挖了一個洞。自此之後，我們全都被分開，人與大自然分開，人與人分開，南與北分開，東與西分開。萬事萬物都亂了套。眼下我們該建造一款新的橋。」

內森駕著貨卡穿過小門，進入馬德羅紐中心。幾間緊挨在一塊的露天小屋和兩間大型聚會所，散布在蓊鬱雨林的某個保護區裡，構成馬德羅紐中心。沖過澡，稍微休息後，琳、艾米利奧、內森和我前去用晚餐。已有一群人聚集在餐廳。那些人出身多元，正說明了這個組織的廣納百川。有恩貝拉族的年輕領袖勞爾·梅斯瓦（Raul Mezua），有庫納族領袖托尼耶爾·埃德曼（Toniel Edman）；這兩個部族曾是世仇，現在則攜手拯救他們瀕危的土地和文化，而他們兩人已在這場拯救達連生態區的聖戰中成為戰友。同樣在場的還有原在當地經營牛隻牧場，現轉為環保人士的羅蘭多·托里比奧（Roland Toribio）；決定放棄高薪，改做「能讓自己高興」的事的年輕律師卡洛斯·安德雷斯（Carlos Andres）；「全球團」（Global Brigades）代表艾倫·古拉（Allen Gula）。全球團是全世界由學生領導的諸多健康與永續發展組織中，最大的一個。

接下來的交談期間，琳提到前一晚在港灣邊屋頂上的接風會上，那位庫納族領袖的感想。她說：「建造新橋的構想，乃是『雕與神鷹預言』的一部分。」

「對不起，」內森懇求道：「請再說一遍。」

「就我們目前所知，」她答：「這個預言源自兩千多年前的亞馬遜。它往上傳到安地斯山，然後越過這個地峽，影響了馬雅人、阿茲特克人、霍皮人，以及北美許多部落的傳說。簡單來說，這個預言提到古時候人類社會分成兩群。神鷹族代表『感性路線』，堅守深具女性特質的理想，他們所選擇的生活形態，能創造和平、永續、利於生兒育女、傳遞自然知識給下一代的環境。雕族則走『理性路線』，倡導我們心目中與男性特質密不可分的價值觀，他們所創造出的社會，發展出可用以征服他族、宰制大自然的技術。根據這個預言，兩條路線會於第四個帕恰庫蒂（Fourth Pachacuti）期間會合，帕恰庫蒂是蓋丘亞／印加語詞，意思是一個五百年期，而這第四個帕恰庫蒂始於一四九〇年代。會發生戰爭和可怕的暴力，而雕族將把神鷹族趕到幾近滅絕的地步。」

琳掃視全桌的人。「當然，我們知道那正是哥倫布西航後發生的事。這個預言應驗了；世上的工業文化幾乎摧毀掉原住民文化。然後，根據這個預言，從一九九〇年代開始的再五百年期間，新帕恰庫蒂展開，是為第五帕恰庫蒂。據說屆時神鷹族與雕族有機會言歸於好。這不是注定之事，因為要靠我們的努力才會發生，但雕與神鷹（理性與感性）一起遨翔於天空，共舞、交配、恢復平衡的機會，的確存在。」她瞧了托尼耶爾和勞爾一眼，然後張開雙臂，擁抱桌邊每個人。「這已經發生。我們已在世上許多地區看到：神鷹族貢獻他們的智慧，雕族試著修補我們已造成的傷害。看看這裡正在上演的。」

「我們自己就是昨晚看幻燈片時聽到的那座橋，」地球列車的組織者克莉絲汀・德爾・韋基奧（Christine Del Vecchio）補充道：「在巴拿馬的我們正在跳那支雕與神鷹的合舞。」

我說：「馬莫尼河谷保護區是孕育夢想的地方。舊夢想建立在剝削——征服——大自然與人民之上。新夢想則追求和諧生活。」我接著告訴他們，我一直覺得那個預言在講某種革命，將人類文化提升到理性與感性真正整合的新自覺境界。我說：「當前這場經濟危機，事出絕非偶然。只有發生這種事，才能喚醒我們。」

二〇〇九年七月，這個不可思議的理想正在馬莫尼河谷保護區漸漸成真的同時，政治動亂席捲了另一個中美洲國家。在巴拿馬與我交談過的人，個個都深信推翻宏都拉斯民選總統馬努埃爾・塞拉亞（Manuel Zelaya）的那場軍事政變，乃是兩家美國公司在中情局支持下策動的。同年更早，前身是聯合水果公司（United Fruit）的奇基塔公司與道爾食品公司，嚴厲抨擊塞拉亞總統提高宏都拉斯最低工資六成的主張，聲稱該政策會減少企業獲利。

美國人很健忘，但巴拿馬之類地方的人不是。我在達連生態區與造林員閒聊時，在巴拿馬市與侍應生和店家老闆閒聊時，或在那場屋頂接風會上與我碰到的人士閒聊時，一再有人表示這已不是新鮮事。一九五四年奇基塔（聯合水果）和中情局就推翻了瓜地馬拉民選總統哈可博・阿本斯（Jacobo Arbenz）；一九七三年國際電話電報公司、季辛吉跟中情局則拉下智利的薩爾瓦多・阿葉德。這些人認定二〇〇四年海地總統尚——貝特蘭・亞里斯提德（Jean-Bertrand Aristide）遭中情局推翻，乃是因為他跟塞拉亞總統一樣提議提高最低工資。

有個不想透露姓名的巴拿馬銀行副總裁告訴我：「每個跨國企業都知道，宏都拉斯如果提高時薪，拉丁美洲和加勒比海其他國家必然會跟進。大企業決心壓下他們所謂的西半球『左派暴動』。他們推翻塞拉亞，藉此向正想提升人民生活水準的其他國家總統殺雞儆猴。」

席捲中美洲各國首都的騷亂，不難想見。歐巴馬當選美國總統，已讓中美洲人民鬆了口氣，樂觀覺得北方那個帝國最終會設身處地體恤其南方諸鄰邦，覺得不公平的貿易協定、私有化、國際貨幣基金嚴苛的結構調整方案、軍事干預的威脅，將會放慢腳步，甚至慢慢消失。但到了此時，那股樂觀漸漸成了妄想。

宏都拉斯軍事政變領袖與金權統治集團如膠似漆的關係，在我抵達巴拿馬的兩天後得到證實。英國《衛報》刊出一篇文章，文中表示：「宏都拉斯政變政府的最高層顧問中，有兩人與美國國務卿關係密切。一人是蘭尼・戴維斯（Lanny Davis），是很有影響力的說客，既曾擔任柯林頓總統的個人律師，也幫希拉蕊打過選戰……政變政府與柯林頓關係深厚，而另一位受雇於政變政府的顧問是（說客）班內特・雷克利夫（Bennett Ratcliff）。」[1]

「現在就民主！」節目（Democracy Now!）發布消息指出，代表奇基塔公司的是華盛頓一家有力的法律事務所「科文頓與勃靈」（Covington & Burling LLP），顧問公司則是「麥拉提夥伴」（MaLarty Associates）。[2]歐巴馬總統的司法部長艾瑞克・霍爾德（Eric Holder）曾是科文頓的合夥人，奇基塔公司遭指控在哥倫比亞雇用「暗殺隊」

時，他替該公司辯護（後來奇基塔公司被判有罪，承認花錢雇請名列美國政府恐怖分子團體名單的組織以「尋求保護」，二〇〇四年同意接受兩千五百萬美元的罰金）。[3]

曾在科文頓與勃靈法律事務所當律師的約翰·博頓（John Bolton），在小布希當政時擔任美國駐聯合國代表，當時有些拉丁美洲領袖爭取將本國資源的獲利，撥出更大比例給本國人民享用，結果這些領袖遭博頓強烈反對。二〇〇六年離開公職後，博頓參與了新美國世紀計畫（Project for the New American Century）、國家政策委員會（Council for National Policy），以及其他幾個推動企業稱霸宏都拉斯等地的計畫。麥拉提顧問公司副董事長約翰·尼格羅龐特（John Negroponte），一九八一至一九八五年擔任美國駐宏都拉斯大使，曾任美國副國務卿、全國情報主管、美國駐聯合國代表。在美國支持尼加拉瓜游擊隊對抗尼加拉瓜桑定政權一事中，他扮演了重大角色，他也始終反對拉丁美洲民選改革派總統的政策。[4]這些人象徵了金權統治集團暗中的影響力、其跨黨派的組成結構，以及歐巴馬政府已被該集團吞噬的事實。

有一幫具有影響力的人，一心要保住已將我們帶到全球崩潰危險邊緣的既有體制，霍爾德、博頓、尼格羅龐特則是那幫人裡較引人注目的代表。他們和其他許多為他們效力之人的作風，都源自從伊朗與印尼展開的經濟殺手和豺狼行動。他們偏愛暗中執行他們的政策，但當所有辦法都不管用或覺得沒有時間細心部署、悄悄行動時，他們便毫不猶豫請軍方出手。二〇〇九年七月二十三日，《洛杉磯時報》提出如下論斷時，正觸及此事的核心：

> 宏都拉斯所發生的事，從另一個角度來看，乃是典型的拉丁美洲政變：領導該政變的羅梅奧·巴斯凱斯（Romeo Vasquez）將軍，畢業自美國的美洲學校（現改名為西半球安全合作協會）。該校最知名的特色，乃是培育出犯下重大人權傷害事件（包括軍事政變）的拉丁美洲軍官。[5]

二〇〇九年七月坐在達連生態區的小露天木屋裡讀著有關宏都拉斯的文章時，我不斷想起當年杜里荷如何激烈反對這種偷偷摸摸的帝國建造行徑。「那讓美國丟臉，」他說：「那是民主的嘲諷。」他本人讀過美洲學校（當時該校位於美國占領的巴拿馬運河區），深知該校的危害，稱它是「暗殺學校」。一成為巴拿馬政府領導人，他立即要求美國將該校撤出巴拿馬；後來根據運河條約，美國國防部將該校移到喬治亞州的班寧堡（Fort Benning）。

有天傍晚，我漫無目的走進一條叢林小徑，來到山丘頂上的空地。馬莫尼河蜿蜒於下方河谷。我坐在原木上，思索使凱因斯與傅利曼兩派支持者隔空交火的那場著名戰爭。傅利曼一派的勝利改變了世界，導致我們今日所面臨的危機。當下，在銜接南北美洲的這塊狹小土地上，似乎正有一場新戰爭在激烈進行。

宏都拉斯一役受到各界矚目。這場戰役正以金權統治集團的傳統武器開打：將不受經濟殺手威脅利誘的合法民選總統拉下的軍事政變；類似於先前在許多國家用過，替帝國主義行徑披上民主外衣的美國宣傳戰；把炮口對準法院、國會和聯合國，幫奇基塔、道爾與他們盟友辯護的一票呼風喚雨的律師和說客。美國境內的電視臺和主流報紙已放出以下消息：塞拉亞總統曾想宣布政府將舉行民意調查，讓民意決定是否該延長總統任期限制，來取代選舉過程。已有數百萬美元投入媒體和華盛頓的政府機關，以蒙蔽大眾，讓大眾無法得知這場軍事政變背後的真正原因：塞拉亞總統大膽揭露大種植園的悲慘工作環境——種植我們早餐享用的香蕉與鳳梨的農民的苦難與疾病、低工資與營養不良——以及塞拉亞剛正不阿，未屈服於腐敗勢力，反倒替人民爭取較佳的生活。宏都拉斯之役，乃是抵禦突變種資本主義的戰役。

另一場戰役，巴拿馬之役，這時則正以新一批的武器悄悄開打：種籽、鋤頭、永續性農業技術、意識到社會責任的資金、音樂、結合原住民智慧與科學研究的行動，加上一群由前牛隻牧場主、社區組織者、生態學家、藝術家、作家、非政府組織、網站設計師、新一波律師，以及來自社會各階層的人所組成的鬥士，他們有老有少，正攜手投入打造一個創新、良性的資本主義。

你或許覺得凱因斯與傅利曼之間那場舊戰爭已是歷史遺跡，經濟衰退已成為那場戰爭的墓碑；但金權統治集團並未站在墓旁默默懺悔。他們所支持的候選人雖未贏得總統大選，但他們的人已迅速滲入白宮、聯準會、國防部和國務院某些舉足輕重的部門。他們的銀行家已重返華爾街，再度付給自己不勞而獲的紅利。國際貨幣基金已在二十一世紀頭十年的初期與中期名譽掃地，但G—20諸國在二〇〇八、二〇〇九年替國際貨幣基金注入相當於其原資本三倍多的資金，賦予它行使權力的新委任狀。

另外，彷彿要讓世人知道這場衰退似的，那個墓碑只是死亡的示警，而非真正已經死亡的象徵，經濟殺手和豺狼已在宏都拉斯的沙地拉起防線。

我們全都位在那條防線上。接下來就看我們每個人做何抉擇。我們是否想要一個受少數億萬富翁宰制的世界，而且那些億萬富翁一心想控制地球資源，以滿足自己日益貪得無厭的慾望？我們是否想要更多債務，更多私有化，更多讓強盜資本家不受規定與管理辦法約束、而我們其他人得受它們約束的市場？是否想要未能納入最嚴重成本的結算制度？是否想要剝削工人、花大錢請律師與說客幫忙保住現狀、把錢運到海外避稅天堂，而以「英雄」姿態出現在雜誌封面上的企業經營者？我們是否想購買那些出錢推翻民選政府的企業所提供的商品和服務？是否想購買腐蝕我們總統和民選官員的企業所推出的產品和服務？我們是否想在由不到五％人口消費四分之一以上地球資源、由那五％中的不到一成人口控制資源、而約略一半世人過著貧窮生活的世界裡，養大自己的子女？是否要在暴力活動不斷升高，而對付「恐怖主義」的軍事手段迫使我們時時處於被圍狀態的世界裡，養大自己的小孩？

或者我們想要的是別的？在綠節和本地市場、在承諾奉行三重盈虧結算線的店家和網站裡可以發現一些組織，這些組織致力於創造對社會與環境負責的經濟體制──我們是否想要這些組織所憧憬的理想世界？是否想要一個不同的世界，其中孩子們的榜樣是那些恢復雨林和受汙染湖泊、推動永續能源、協助挨餓者餵飽自己的機構的創辦人與管理者？是否想要任何人都能得到醫療，都有權在保有尊嚴中度過人生晚年的世界？簡而言之，我們是否想要打破舊模式，擺脫令我們無比失望的那種掠奪性資本主義，留給後代子孫一個反映真正民主理想的世界，一個朝向永續、公平、和平社會的世界？

選擇權不在歐巴馬，不在馬侃，也不在任何政治人物手上。

選擇權在我們手上。

Press, MSNBC, March 15, 2007 (accessed July 24, 2009), http://www.msnbc.msn.com/id/17615143/.

4. 更多資訊，請見Alex Constantine's Blacklist, " AG Eric Holder & Chiquita, Covington, Negroponte, Bolton, Colombian Death Squads," July 20, 2009 (accessed July 23, 2009), http://aconstantineblacklist.blogspot.com/2009/07/eric-holder-and-chiquita-covington.html.
5. Mark Weisbrot, "The High-Powered Hidden Support for Honduras' Coup: The Country's Rightful President Was Ousted by a Military Leadership That Takes Many of Its Cues from Washington Insiders," Los Angeles Times, July 23, 2009, http://www.latimes.com/news/opinion/commentary/la-oe-weisbrot23–2009jul23,0,7566740.story.

Century" The TIME 100, Time magazine, April 13, 1998 (accessed May 19, 2009), p. 4, http://www.time.com/time/time100/leaders/profi le/troosevelt4.html.

3. "TR's Legacy— The Environment" http://www.pbs.org/wgbh/amex/tr/envir.html (accessed May 19, 2009) and "The Story of Theodore Roosevelt: TR's Legacy— The Environment," The American Experience, WGBH/PBS (accessed May 19, 2009), http://www.pbs.org/wgbh/amex/tr/envir.html.

第二十四章

1. E-mailed May 20, 2009, 12:09:36 P.M. EDT, To: mailing list; Reply-To rabbilerner@tikkun.org.
2. Michael Lerner, "Barack Obama's Nonideological Pragmatism Will Backfire," Politico, May 20, 2009, http://www.politico.com/news/stories/0509/22707.html.

結論

1. Mark Weisbrot, "Who's in Charge of U.S. Foreign Policy? The Coup in Honduras Has Exposed Divisions between Barack Obama and His Secretary of State, Hillary Clinton," Guardian (United Kingdom), July 16, 2009 (accessed July 23, 2009), http://www.guardian.co.uk/commentisfree/cifamerica/2009/jul/16/honduras-coup-obama-clinton.
2. Democracy Now, War and Peace Report, daily TV and radio news program, hosted by Amy Goodman and Juan Gonzalez, "From Arbenz to Zelaya: Chiquita in Latin America," July 21, 2009 (accessed July 23, 2009), http://www.democracynow.org/2009/7/21/from_arbenz_to_zelaya_chiquita_in.
3. "Chiquita Admits to Paying Colombia Terrorists: Banana Company Agrees to $25 Million Fine for Paying AUC for Protection," Associated

company.cfm?id=271.

4. Daniel Goleman, *Ecological Intelligence: How Knowing the Hidden Impacts of What We Buy Can Change Everything* (New York: Broadway Books, 2009), pp. 64–70.

第二十章

1. SourceWatch, "Chiquita Brands International, Inc." (accessed May 12, 2009), http://www.sourcewatch.org/index.php?title=Chiquita_Brands_International%2C_Inc.
2. Public Citizen, "Nicaragua" (accessed May 12, 2009), http://www.citizen.org/cmep/Water/cmep_Water/reports/nicaragua/index.cfm.

第二十一章

1. Thom Hartmann, *Threshold: The Crisis of Western Culture* (New York: Viking, 2009), advance uncorrected proof, pp. 13–14.
2. Renee Montagne, "Cargo Hauling at California Ports Will Go Greener," Morning Edition, National Public Radio (NPR), February 26, 2009.

第二十二章

1. Dr. Riane Tennenhaus Eisler, The Real Wealth of Nations: Creating a Caring Economics (San Francisco: Berrett- Koehler, 2007), chap. 10, p. 9, galley proofs.

第二十三章

1. Theodore Roosevelt, Labor Day Speech, Syracuse, New York, September 7, 1903 (accessed May 19, 2009), http://www.quotationspage.com/quotes/Theodore_Roosevelt.
2. Edmund Morris, "Teddy Roosevelt: With Limitless Energy and a Passionate Sense of the Nation, He Set the Stage for the American

第十四章

1. Saeromi Shin and Chua Kong Ho, “Fidelity’s Ma Says China’s Economic Growth May Beat Predictions,” Bloomberg Press, June 10, 2009, http://www.bloomberg.com/apps/news?pid=20601080&sid=azvmiXGzTXI8.

第十七章

1. Robert D. McFadden and Scott Shane, “In Rescue of Captain Navy Kills 3 Pirates,” New York Times, April 12, 2009, http://www.nytimes.com/2009/04/13/world/africa/13pirates.html?pagewanted=1&sq=somali percent20pirates&st=cse&scp=2.
2. “Fighting Piracy in Somalia,” Editorial, New York Times, April 16, 2009, http://www.nytimes.com/2009/04/17/opinion /17iht-edpirates.html?scp=3&sq=reasonspercent20forpercent20Somalipercent20piracy&st=cse.
3. Gwen Thompkins, “In Somalia, Piracy Is An Attractive Career Option,” NPR Morning Edition, May 6, 2009, http://www.npr.org/templates/story/story.php?storyId=103815312.
4. Organic Consumers Association, “NAFTA: Truth and Consequences of Corn Dumping,” http://www.organicconsumers.org/chiapas/nafta040504.cfm.

第十九章

1. Thom Hartmann, *Threshold: The Crisis of Western Culture* (New York: Viking, 2009), advance uncorrected proof, pp. 95–96.
2. Green America, “Sweatshops: Economic Action to End Sweatshop and Forced Child Labor” (accessed April 21, 2009), http://www.coopamerica.org/programs/sweatshops/sneakers.cfm.
3. Green America, Responsible Shopper: Your Guide to Promoting a Responsible Economy, “Nike,” August 27, 2008 (accessed April 21, 2009), http://www.coopamerica.org/programs/responsibleshopper/

4. Andrew Gumbel, "How the War Machine Is Driving the U.S. Economy," Independent (United Kingdom), January 6, 2004, http://www.commondreams.org/views04/0106–12.htm.
5. NPR, Weekend Edition Sunday, hosted by Linda Wertheimer, April 5, 2009, http://www.npr.org.
6. "2008 Global Arms Spending Hits Record High," China Daily, June 9, 2009, from Reuters and Associated Press, p. 11. See also Democracy Now, War and Peace Report, daily TV and radio news program, hosted by Amy Goodman and Juan Gonzalez, "Report: Global Military Spending Rose to $1.46 Trillion in 2008," Headlines for June 8, 2009, http://www.democracynow.org/2009/6/8/headlines.
7. 請見如下網站：http://www.gpoaccess.gov/usbudget/fy09/pdf/budget/defense.pdf; http://www.slate.com/id/2183592/pagenum/all/; http://www.truthandpolitics.org /military-relative-size.php; http://www.defenselink.mil/comptroller/defbudget/fy2008/fy2008_weabook.pdf; and http://www.globalissues.org/article/75 /world-military-spending.
8. http://www.globalissues.org/article/75 /world- military- spending; and http://www.slate.com/id/2183592/pagenum/all/.
9. 請見註6所提的網站。
10. 請見註7所提的網站。
11. 也可見 Democracy Now, War and Peace Report, daily TV and radio news program, hosted by Amy Goodman and Juan Gonzalez, Headlines for May 11, 2009, http://www.democracynow.org/2009/5/11/headlines.

第十三章

1. Encarta, "Capitalism," MSN Encarta article, http://encarta.msn.com/encyclopedia_761576596/Capitalism.html#s1.

2. Thom Hartmann, *Threshold: The Crisis of Western Culture* (New York: Viking, 2009), advance uncorrected proof, pp. 39; 41.

第十章

1. "Amazon Crude: Scott Pelley Reports on a Multi- Billion- Dollar Lawsuit over Oil Drilling Pollution" 60 Minutes, CBS, May 3, 2009, http://www.cbsnews.com/stories/2009/05/01/60minutes/main4983549.shtml.
2. "Toward a More Sustainable Way of Business," http://www.interfaceglobal.com/Sustainability.aspx.

第十一章

1. "Suspended Nicaraguan Priest Elected President of U.N. General Assembly," Catholic News Agency, June 6, 2008 (accessed June 30, 2009), http://www.catholicnewsagency.com/new.php?n=12862.
2. Structural Adjustment Participatory Review International Network (SAPRIN), Washington, D.C., letter to James Wolfensohn, President, World Bank, April 16, 2004 (accessed June 1, 2009), http://www.developmentgap.org/worldbank_imf/saprin_letter_to_world_bank_president_16april2004.pdf. 也可見該組織的網站 "The Development GAP's Mission and Operating Principles": http://www.developmentgap.org/mission%26principles/mission_principles.html.

第十二章

1. 艾森豪的暱稱。
2. "The Crisis and How to Deal with It," *New York Review of Books*, June 11, 2009, p. 76.
3. Barbara Hagenbaugh, "U.S. Manufacturing Jobs Fading Away Fast," USA TODAY, December 12, 2002, http://www.usatoday.com/money/economy/2002–12–12-manufacture_x.htm.

6, 2004 (accessed July 13, 2009), http://www.irp.wisc.edu/faqs/faq3.htm. See also Anuradha Mittal, "Hunger in America,"CommonDreams.org, December 10,2004 (accessed July 18, 2009), http://www.commondreams.org/views04/1210–22.htm.

11. U.S. Census figures reported by the National Coalition on Health Care (NCHC),"Health Insurance Coverage," Washington, D.C., posted 2009 (accessed July 18, 2009), http://www.nchc.org/facts/coverage.shtml.
12. G. William Domhoff, "Wealth, Income, and Power," Who Rules America website, September 2005, updated May 2009 (accessed July 13, 2009), http://sociology.ucsc.edu/whorulesamerica/power/wealth.html.

第八章

1. 有關獨立電力系統公司的細節，請見John Perkins, The Stress- Free Habit: Powerful Techniques for Health and Longevity from the Andes, Yucatan, and Far East (Rochester, Vt.: Healing Arts Press, 1989); and John Perkins, Shapeshifting: Shamanic Techniques for Global and Personal Transformation (Rochester, Vt.: Destiny Books, 1997).
2. 132 Congressional Record. S8272–73 (daily edition June 24, 1986. Colloquy of Senators Baucus and Packwood).
3. Harvey Wasserman, "California's Deregulation Disaster," The Nation, February 12, 2001, http://www.thenation.com/doc/20010212/wasserman.
4. FERC 3–26–03 Docket No. PA02–2-000, Staff Report Price Manipulation in Western Markets"; and http://www.sfgate.com/cgi-bin/article.cgi?f=/c/a/2000/12/08/MN148567.DTL.

第九章

1. Daniel Engber, "Why Do Airlines Go Bankrupt: Delta Can't Keep up with JetBlue," Slate Magazine, September 15, 2005, http://www.slate.com/id/2126383/.

Scandal," BusinessWeek, December 23, 2002 (accessed July 10, 2009), http://www.businessweek.com/magazine/content/02_51/b3813001.htm.

2. "Inside Stephen Schwarzman's Birthday Bash," New York Times, February 14, 2007 (accessed July 11, 2009), http://dealbook.blogs.nytimes.com/2007/02/14/inside-stephen-schwarzmans-birthday-bash/.
3. Nelson D. Schwartz, "Wall Street's Man of the Moment," Fortune, CNNMoney.com, February 21, 2007 (accessed July 11, 2009), http://money.cnn.com/magazines/fortune/fortune_archive/2007/03/05/8401261/index.htm.
4. www.cbsnews.com/stories/2006/06/28/national/main1758528.shtml.
5. CleanUpGE.org, "Toxics on the Hudson: The Story of GE, PCBs and the Hudson River," undated (accessed July 18, 2009), http://www.cleanupge.org/pcbarticle.pdf
6. Ibid.
7. "The World's Billionaires," edited by Luisa Kroll, Matthew Miller, and Tatiana Serafin, Forbes, March 11, 2009 (accessed July 18, 2009), http://www.forbes.com/2009/03/11 /worlds-richest-people-billionaires-2009-billionaires_land.html; and Duncan Greenberg and Tatiana Serafin, "Billionaires List: Up in Smoke," Forbes, March 30, 2009 (accessed July 18, 2009), http://www.forbes.com/forbes/2009/0330/076- up-in-smoke.html.
8. Warren Vieth, "Most U.S. Firms Paid No Income Taxes in '90s: More Than Half Avoided Levies During Boom Years," Los Angeles Times, April 11, 2004, http://www.boston.com/business/globe/articles/2004/04/11/most_us_firms_paid_no_income_taxes_in_90s/.
9. David Goldman, "Most Firms Pay No Income Taxes— Congress," CNNMoney.com, August 12, 2008 (accessed July 19, 2009), http://money.cnn.com/2008/08/12/news/economy/corporate_taxes.
10. "Who Is Poor?" Institute for Research on Poverty (IRP), posted December

3. 觀賞一部有關厄瓜多情勢與這個集體訴訟的得獎紀錄片，請至 hppt://www.crudethemovie.com。
4. Neil Watkins and Sarah Anderson, "Ecuador's Debt Default: Exposing a Gap in the Global Financial Architecture," Foreign Policy In Focus, December 15, 2008 (accessed June 25, 2009), http://www.fpif.org/fpiftxt/5744.
5. Lucy Adams, "Plight of Women Sold into Slavery Revealed," Herald (Glasgow, Scotland), April 19, 2008 (accessed May 1, 2009), http://www.theherald.co.uk/news/news/display.var.2428222.0.plight_of_women_sold_into_slavery_revealed.php.
6. Joel Brinkley, "Vast Trade in Forced Labor Portrayed in C.I.A. Report," New York Times, April 2, 2000 (accessed May 1, 2009), http://www.nytimes.com/2000/04/02/us /vast-trade-in-forced-labor-portrayed-in-cia-report.html?sec=&spon=&&.
7. Stacey Hirsh, "Reagan Presidency Pivotal for Unions," Baltimore Sun, June 8, 2004 (accessed June 26, 2009), http://www.baltimoresun.com/business /bal-bz.unions08jun08,0,1761456.story?coll=bal-business-headlines.
8. Julie Hirschfeld Davis, Associated Press writer, "The Influence Game: Payday Lenders Thwart Limits," ABC News, April 2, 2009, http://abcnews.go.com/International/wireStory?id=7242991.
9. Democracy Now, War and Peace Report, daily TV and radio news program, hosted by Amy Goodman and Juan Gonzalez, "Ecuadorian President: World Should Consider Abolishing IMF," Headlines for June 26, 2009, http://www.democracynow.org/2009/6/26/headlines.

第七章

1. "The Rise and Fall of Dennis Kozlowski: How Did He Become So Unhinged by Greed? A Revealing Look at the Man Behind the Tyco

Control a Majority of U.S. Media," (chart), http://www.corporations.org/media/.

7. 關於發電廠與NBC的故事，都是好幾名當事人的敘述。出於明顯的原因，這裡並未寫出他們的真名。
8. 更多關於吉姆・吉第和萊絲莉・克瑞楚的故事，請見John Perkins, *The Secret History of the American Empire: The Truth About Economic Hit Men*, Jackals, and *How to Change the World* (New York: Penguin Group/Plume, 2007), pp. 39–43; 59–61. 《美利堅帝國陰謀》，時報出版，2008年，或《經濟殺手的告白2：美利堅帝國的陰謀》(全新暢銷修訂版)，2021年，二版。也可見非營利組織Educating for Justice (EFJ)的網站 (headquartered in Asbury Park, N.J.): http://www.educatingforjustice.org。

第五章

1. Michael Hennigan, Analysis/Comment: "Executive Pay and Inequality in the Winner- take- all Society," Finfacts.com, Ireland's Business & Finance Portal, August 7, 2005 (accessed June 10, 2009), http://www.finfacts.com/irelandbusinessnews/publish/printer_10002825.shtml.
2. Ralph Waldo Emerson, Wealth essay, in The Conduct of Life, 1860, revised 1876, http://www.emersoncentral.com/wealth.htm.

第六章

1. BBC News, "Ecuador Defaults on Foreign Debt," December 12, 2008 (accessed June 24, 2009), http://news.bbc.co.uk/2/hi/business/7780984.stm.
2. Anthony Faiola, "Calling Foreign Debt 'Immoral,' Leader Allows Ecuador to Default," Washington Post, December 13, 2008 (accessed June 24, 2009), http://www.washingtonpost.com/wp-dyn/content/article/2008/12/12/AR2008121204105.html.

12. Ibid.
13. Democracy Now, War and Peace Report, Headlines for April 15, 2009, http://www.democracynow.org/2009/4/15/headlines.
14. Arianna Huffington, "Why Are Bankers Still Being Treated As Royalty?" *Huffington Post*, April 30, 2009, http://www.huffi ngtonpost.com /arianna-huffington/why-are-bankers-still-bei_b_194242.html.
15. Democracy Now, War and Peace Report, daily TV and radio news program, hosted by Amy Goodman and Juan Gonzalez, Headlines for May 6, 2009, http://www.democracynow.org/2009/5/6/headlines.

第四章

1. 關於克勞汀的更多事蹟，請見John Perkins, *Confessions of an Economic Hit Man* (New York: Penguin Group/Plume, 2004), pp. xiii–xiv; 16–21; 60–62.《經濟殺手的告白》，時報出版，2007年，或《經濟殺手的告白》(全新暢銷增訂版)，2021年，二版。
2. 關於更多關於伊朗的事情，請見Perkins, *Confessions*, pp. 6; 137–39。
3. Center for Responsive Politics, OpenSecrets.org, "Stats at a Glance," http://www.opensecrets.org.
4. http://thehill.com/business—lobby/companies-hire-washington-lobbyists-before-bad-news-breaks-2006–01–31.html; and Democracy Now, War and Peace Report, daily TV and radio news program, hosted by Amy Goodman and Juan Gonzalez, " 'Sold Out': New Report Follows Lobbying Money Trail Behind Deregulation That Helped Cause Financial Crisis," March 4, 2009, http://www.democracynow.org/2009/3/4/sold_out_new_report_follows_lobbying.
5. Wall Street Watch, "$5 Billion in Political Contributions Bought Wall Street Freedom from Regulation, Restraint, Report Finds," March 4, 2009, http://www.wallstreetwatch.org/soldoutreport.htm.
6. Media Reform Information Center, "Number of Corporations That

第二章

1. Thom Hartmann, Threshold: *The Crisis of Western Culture* (New York: Viking, 2009),advance uncorrected proof, p. 145.
2. Democracy Now, War and Peace Report, daily TV and radio news program, hosted by Amy Goodman and Juan Gonzalez, "Michael Parenti: Economic Crisis the Inevitable Result of 'Capitalism's Self-Infl icted Apocalypse,' " March 12, 2009, http://www.democracynow.org/2009/3/12/parenti.
3. Hartmann, Threshold, p. 52.
4. Democracy Now, War and Peace Report, daily TV and radio news program, hosted by Amy Goodman and Juan Gonzalez, Headlines for March 16, 2009, http://www.democracynow.org/2009/3/16/headlines.
5. Democracy Now, War and Peace Report, daily TV and radio news program, hosted by Amy Goodman and Juan Gonzalez, Headlines for March 4, 2009, http://www.democracynow.org/2009/3/4/headlines
6. Ibid.
7. Louise Story, "Lawmakers Question Bankers on Bailout," New York Times, February 11, 2009, http://www.nytimes.com/2009/02/12/business/12bank.html?scp=4&sq=eight%20bankers&st=cse.
8. "Texas Firm Accused of $8 Billion Fraud," *New York Times*, February 17, 2009, http://www.nytimes.com/2009/02/18/business/18stanford.html?scp=5&sq=stanford%20group&st=cse.
9. John Schwartz, "Contrite Over Misstep, Auto Chiefs Take to the Road," New York Times, December 2, 2008, http://www.nytimes.com/2008/12/03/business/03jets.html.
10. Democracy Now, War and Peace Report, daily TV and radio news program, hosted by Amy Goodman and Juan Gonzalez, Headlines for April 14, 2009, http://www.democracynow.org/2009/4/14/headlines.
11. Ibid.

4. Daniel Bases, "UPDATE 1—UN Revises Global Economic Growth Lower for 2009," May 27, 2009, 12:12 P.M. EDT (accessed May 28, 2009), http://www.reuters.com/article/marketsNews/idUSN2713305020090527; and Daniel Bases, "UN Revises Global Economic Growth Lower for 2009," May 27, 2009. 11:06 A.M. EDT (accessed May 28, 2009), http://www.reuters.com/article/bondsNews/idUSN2751739520090527.
5. "Economic Downturn Leaves 26 Million Unemployed in China," Telegraph (United Kingdom), February 2, 2009 (accessed May 27, 2009), http://www.telegraph.co.uk/news/worldnews/asia/china/4438965/Economic-downturn-leaves-26-million-unemployed-in-China.html; and "China's Unemployed Migrant Workers Could Top 20 Million," ABC News, March 25, 2009 (accessed May 27, 2009), http://www.abc.net.au/news/stories/2009/03/25/2526402.htm.
6. "U.S. Economy to Contract 2pc This Year, Says Fed," Telegraph (United Kingdom), May 21, 2009 (accessed May 27, 2009), http://www.telegraph.co.uk/fi nance/financetopics/recession/5359481/US-economy-to-contract-2pc-this-year-says-Fed.html.
7. "The Crisis and How to Deal with It," New York Review of Books, June 11, 2009.
8. Democracy Now, War and Peace Report, daily TV and radio news program, hosted by Amy Goodman and Juan Gonzalez, Headlines for May 28, 2009, http://www.democracynow.org/2009/5/28/headlines.
9. Democracy Now, War and Peace Report, Headlines for June 1, 2009.
10. "The Crisis and How to Deal with It," New York Review of Books, June 11, 2009, pp. 73–76.
11. "A Silent War," Jubilee USA Network (accessed July 26, 2007), http://www.jubileeusa.org/resources /debt-resources/beginners-guide-to-debt/a-silent-war.html.

註釋

第一章

1. Rodrigue Tremblay, "The Dance of the Trillions to Shore up Banks, Bankers, and Gamblers," Global Research, Centre for Research on Globalization, March 26, 2009, http://www.globalresearch.ca/index.php?context=va&aid=12918.
2. "The Crisis and How to Deal with It," New York Review of Books, June 11, 2009, pp. 73–76.
3. U.S. Bureau of Labor Statistics, Economic News Release: "Employment Situation Summary," May 28, 2009, http://www.bls.gov; Lucia Mutikani, "U.S. Economy Tumbles Steeply in First Quarter," Reuters, April 29, 2009 (accessed May 27, 2009), http://www.reuters.com/article/newsOne/idUSTRE53S3NK20090429; Democracy Now, War and Peace Report, daily TV and radio news program, hosted by Amy Goodman and Juan Gonzalez, Headlines for May 29, 2009, http://www.democracynow.org/2009/5/29/headlines; Benjamin M. Friedman, "The Failure of the Economy & the Economists," New York Review of Books, vol. 56, no. 9, May 28, 2009, p. 42; and Bob Willis, "U.S. Economy: GDP Shrinks in Worst Slump in 50 Years (Bloomberg's Update 3)," April 29, 2009 (accessed May 27, 2009), http://www.bloomberg.com/apps/news?pid=20601068&sid=a6WLEZ20yerY; and Democracy Now, War and Peace Report, daily TV and radio news program, hosted by Amy Goodman and Juan Gonzalez, Headlines for June 1, 2009, http://www.democracynow.org/2009/6/1/headlines.

People 466

經濟殺手的告白 3：不願面對的金融真相（全新暢銷修訂版）
Hoodwinked

作者	約翰・柏金斯（John Perkins）
譯者	黃中憲
主編	王育涵
責任編輯	鄭莛
責任企畫	林進韋
封面設計	吳郁嫻
內頁排版	黃馨儀
總編輯	胡金倫
董事長	趙政岷
出版者	時報文化出版企業股份有限公司 108019 臺北市和平西路三段 240 號 7 樓 發行專線｜02-2306-6842 讀者服務專線｜0800-231-705｜02-2304-7103 讀者服務傳真｜02-2302-7844 郵撥｜1934-4724 時報文化出版公司 信箱｜10899 台北華江橋郵局第 99 信箱
時報悅讀網	www.readingtimes.com.tw
人文科學線臉書	http://www.facebook.com/jinbunkagaku
法律顧問	理律法律事務所｜陳長文律師、李念祖律師
印刷	紘億印刷有限公司
二版一刷	2021 年 8 月 13 日
定價	新臺幣 380 元

版權所有 翻印必究（缺頁或破損的書，請寄回更換）

Hoodwinked
Copyright © 2009 by John Perkins
This translation published by arrangement with Currency, an imprint of Random House, a division of Penguin Random House LLC.
through Andrew Nurnberg Associates International Limited.
Complex Chinese edition copyright © 2021 by China Times Publishing Company
All rights reserved.

ISBN 978-957-13-9117-5｜Printed in Taiwan

經濟殺手的告白 . 3, 不願面對的金融真相／約翰・柏金斯著；黃中憲譯 .
-- 二版 . -- 臺北市：時報文化 , 2021.07｜288 面；14.8×21 公分 . -- (People ; 466)
譯自：Hoodwinked : an economic hit man reveals why the world financial markets imploded-- and what we need to do to remake them.｜ISBN 978-957-13-9117-5（平裝）
1. 經濟史 2. 金融危機 3. 金融政策 4.21 世紀｜550.9｜110009094

時報文化出版公司成立於一九七五年，並於一九九九年股票上櫃公開發行，於二〇〇八年脫離中時集團非屬旺中，以「尊重智慧與創意的文化事業」為信念。